这陶瓮里存在着峡谷与松峰，以及峡谷与松峰的创造者！
七海和万点星辰皆在其中，
验金的硝酸与珠宝鉴定者也在其内。
里面的乐音发自无人弹奏的琴弦，也源自所有的水域。
你若是渴望真理，我会把真理告诉你：
朋友！听着：我热爱的上主就在你心中。

——迦比尔（Kabir）

（出自罗伯特·布莱（Robert Bly）的《迦比尔书》（*The Kabir Book*））

钻石途径系列之一

内在的探索

阿玛斯［A. H. Almaas］著
胡因梦 译

深圳报业集团出版社
SHENZHEN PRESS GROUP PUBLISHING HOUSE

编　　审：刘　明
责任编辑：郭良原　李彦姝
装帧设计：朱　锷

图书在版编目（CIP）数据

钻石途径系列之一：内在的探索/阿玛斯（A. H. Almaas）著；胡因梦译. —深圳：深圳报业集团出版，2007.8

ISBN 978-7-80709-100-4

Ⅰ.钻…　Ⅱ.①阿…②胡…　Ⅲ.心理学－研究　Ⅳ.B84

中国版本图书馆 CIP 数据核字（2007）第 128006 号

Published by arrangement with Shambhala Publications, Inc.
Horticultural Hall, 300 Massachusetts Avenue, Boston, MA 02115, U.S.A.,
www.shambhala.com

钻石途径系列之一

内在的探索

阿玛斯（A. H. Almaas）著　胡因梦　译

深圳报业集团出版社出版发行
（518009　深圳市深南大道 6008 号）
三河市华晨印务有限公司印制　新华书店经销
2009 年 8 月第 2 版　2009 年 8 月第 1 次印刷
开本：787mm×1092mm　1/16
印张：15.5　字数：200 千字
ISBN 978-7-80709-100-4　定价：26.00 元

译者序　超个人心理学划时代运动的先驱

现代西方心理学最主要的任务之一，乃是要整合它们对人性的深度理解与世界宗教传承早已发现的心灵解脱之道。心理学不但要治疗人类在俗世生活里的烦恼，还要为人类带来真正的解脱及身心灵的统合。A.H. 阿玛斯将毕生献给了这项任务。他从客体关系心理学及弗洛伊德派的自我心理学撷取了许多概念和经验，同时也汲取了心理动力理论及其他的心理学体系。他更从自己的咨询过程中累积了深厚的个案经验。他受过最高层的佛法训练，并接受过其他的东方修炼法门，他自己在修行上也有深刻的证悟经验。他的观念反映了葛吉夫（Gurdjieff）的教诲、苏菲神秘主义、金刚乘及禅宗的精髓。他提醒我们不但要观察人格与心智的内涵，还要洞察人类内心最深的本质。

阿玛斯发展出来的“钻石途径”是一条精准而直接的道路，它提供给我们的除了对心理活动的深度知识之外，同时也邀约我们发展出智慧、爱、喜悦、活力、祥和、热情、好奇、快乐、信任、感恩等等的品质。它把上述的品质视为我们生命本体的不同面向，如果我们能允许自己在每个当下开放地体验内心所有的感觉，我们自然渴望活出具足本体的生活。对大部分人而言，这份渴望在感觉上似乎是一种深沉的哀伤和痛苦，它埋藏在我们日常的觉知和意识活动的底端。这个背景场域是那么平常，所以我们经常忽略它。某些人甚至会紧紧抓住这股渴望，把视野放在遥不可及的彼岸。还有的人则基于自保而刻意贬低这股渴望，甚至认为它是不可能达成的一种幻觉。或许绝大部分的人终其一生都在梦游中，丝毫没考虑过我们这份最深的渴求。

一旦隔绝了本体之中的能量、热情及力量，我们的生命就无法拓展了。我们会感到虚弱、匮乏、不满足，而这又会促使我们向外追求各种的赞美、肯定、安慰和支持。我们想要说服世界我们并不是那么虚弱，然而我们越是努力证明我们的力量，我们的虚弱就越明显。这又会形成一种想要批判自己和别人的冲动，于是我们的超我——内化的母亲形象——便开始全盘掌控我们的人生。人类因为和本体失去联结而造成的“心理坑洞”，往往是我们最想填满，也最不能面对的问题。这些心理上的议题一向被视为自我认识的障碍，但“钻石途径”并不把它们看成是障碍，反而将它们当成是发现终极真相——本体——的重要线索。“坑洞理论”可以说是钻石途径对人类阴影层问题的核心洞识；它最能补足东方修行传统在心理支持上的不足。几乎所有的匮乏、自卑及不安全感问题，都是源自于童年的创伤经验。这些由创伤所形成的心理坑洞既是我们不愿意面对的一种内在威胁，也是发现我们早已丧失某些本体品质的机会。整个“钻石途径”的精髓就在于揭露坑洞里的情绪能量，并探入更深的本体品质——譬如上一段曾提过的爱、活力、祥和、喜悦、信任、感恩等高层精神境界，而这些品质都是钻石般的本体的不同切面。

钻石途径采用的方法非常广泛，它整合了情绪治疗、认知治疗、直觉式的揭露、呼吸技法及精微能量的探讨，而这些全都包含在灵性的架构之内。多年来阿玛斯已经训练出一批老师，学生们的小型聚会便是由这些老师所带领的。大型聚会则是用来发表演讲，进行经验性的练习，譬如静坐及其他的锻炼方法。阿玛斯和钻石途径的其他老师也带领长期闭关。学生们则必须靠自己来消化老师的教诲，并且进行某些特定的练习。这个途径会随着学生的需要继续发展下去，不过其中最重要的方法就是“探索”。

“探索”与通过高次元的觉知来鸟瞰意识活动不大相同，后者是东方传统的禅定修持所采用的方法，其优点是比较容易进入定境与不认同的境界，因为基本上它并不去研究意识的内涵，但缺点却是无法发展出心理动力式的观察，也无法“确知”人性错综复杂的问题症结是什么。“探索”则是一种“理解”的途径，它不仅是头脑的认知，而是整合了智力、情感、身体觉知、精微能量及直觉的一种自我认识。“探索”鼓励也容许自己去体验当下所呈现出来的坑洞——深层的负面情绪能量，而不带有偏见、定论，也不去担忧结果会如何。这种体验越来越深化之后，我们的觉知就会通达本体的各个面向而得以整合。这样的方式能带来的是真正的成长、疗愈与解放。

超个人心理学界的精英肯·威尔伯（Ken Wilber），将钻石途径誉为西方心理学和东方智慧的最佳整合途径之一。威尔伯说：“它整合了向上回旋和向下回旋之道，成为一个前后连贯而又十分有效的内在工作形式。”连托尼·施瓦茨（Tony Schwartz）和拉里·斯皮罗（Larry Spiro）这两位难以取悦的知识界精英，也给予钻石途径高度的肯定。《狂喜之后》的作者杰克·康菲尔德（Jack Kornfield）更是对钻石途径倍加赞誉，他说：“阿玛斯将深刻的灵性智慧及心理学知识注入到钻石途径里，这项工作令他成为现代心理学划时代运动的先驱。”

“钻石途径”系列丛书，是阿玛斯与学员互动时的心得记录，也是他十本著作中最贴近一般大众的教诲。但愿这个划时代的整合途径，能为我们带来有别于传统的启蒙和洞识。

作者序

我们活在一个美妙、神秘而不可思议的世界里，但大多数人很少能享受这真实的世界。我们能够觉知到的世界，多半充斥着争斗、痛苦及无意义感。这种情况起因于未能充分活出和证悟人类所有的潜能。若是能证悟和开显出人类的本体，潜能才得以充分实现。

“钻石途径”系列著作，是由我多年来对加州和科罗拉多州内在工作团体的谈话结集而成。这些谈话的目的，乃是为了引领和导正那些专心致志于证悟本体的人。

这些谈话是针对特定学生在证悟过程中所出现的状态和阶段而准备的。我们采用的教学方法称为“钻石途径”。谈话一开始探讨的是内在工作所面临的各种状况以及必须了解的知识和问题，接着探索的是越来越微细而深入的各个发展阶段，最后探讨的则是证悟的条件，以及最成熟的几个状态中有哪些需要了解的细节。

每一次的谈话都会阐明本体或存在的某种状态，而相关的心理议题和障碍也会加以精确的探讨。我们所采用的是现代心理学对存在状态的理解，以及对个人心智、生活和内在揭露过程的解析。

然而这一系列的谈话并不仅只是细微而详尽的引领，同时也表达和彰显出人类本体的揭露过程，使我们能看到真实世界——我们真正的天性——中的神奇、奥妙、优美与富足。

每一次进行谈话时，老师都会针对学生的需要而阐明存在的某个次元。老师既是这实相的体现，也是能传达攸关这实相鲜活知识的管道。

我希望有更多我的人类同胞能加入这真实的世界，并能体尝到生而为人不可思议的美及尊严，充分示现出对真理之爱。

目录

第一章 活在世间，但不属于它

你的本体是非常有智慧的，它会丢给你一些冲突，让你有机会观察这个冲突，然后你才能认清一些事。这些状况并不是要为难你，如果视其为一种困境，你一定会很难过很痛苦。假设你能看见自己会跌跤和受苦，是因为被路上的某些东西绊倒了，那么你就会认清障碍是什么。

有句苏菲[1]谚语是这么说的，“活在世间，但不属于它（to be in the world but not of it）。”这句话具有多重的意义，根据你自己的状况、发展及理解力，你对这句话会有不同的解释。“活在世间，但不属于它”其实是个定位问题，我将会探讨这句话的意涵，以便你对我们所做的事有更清楚的了解。

婴儿刚诞生的时候，他的生命形态可以说是一种纯然的存在，或是全然活在本体（essence）中。当然，婴儿的本体，和充分发展及证悟的成人本体是不同的。那是一种无区分性的、与母亲浑然一体的婴儿本体。这个初生儿一旦开始成长，他的人格（personality）就会借由与环境，尤其是跟父母的互动而逐渐拓展。因为大部分的父母认同的都是他们的人格而非本体，所以他们无法认出或鼓励孩子活在本体中。几年过后，本体逐渐被遗忘，于是人格便取代了本体。本体被不同的身份所取代。孩子开始认同父母之中的一个，或是此种经验彼种经验，以及各种攸关他自己的概念。这些身份、经验和概念会变得越来越坚固，因而逐渐形成了人格。孩子长大成人之后，自然而然地相信这个人格结构就是他真正的自我。

一开始，本体已经存在了，而现在它还是在那里。虽然你看不见它，认不出它，甚至以许多方式拒绝了它、伤害了它，但是它仍然存在着。为了自保，它只好藏身于地下，而掩盖于其上的便是人格。

拥有人格并不是坏事。你必须拥有它。缺少了它，你根本无法生存。但如果你错把人格当成了自己真正的身份，那么你就是在扭曲事实，

1 伊斯兰教苏菲派，一种泛神论神秘主义教派。

因为你并不是你的人格。人格是由过去的经验、理想、概念及身份所组成的。不过你还是可以发展出真正的个人性——个人性的本体——它和掩盖于本体之上的人格是截然不同的。然而这份潜力通常会被我们所谓的自我以及习得的身份感所接管。

一个人若是因认同既定的概念或过去的经验而深信他就是他的自我，那么他就可以被称为“属于世界，但不活在世间”。他无法察觉他真正的身份其实是他的本体。这是很难理解的一件事，除非我们偶尔能觉知到自己的本体。

于是，自我或自我认同便取代了我们的真实身份，而人格则取代了本体。人格只是一个冒牌货。对本体或人格而言，世界都是相同的那一个，不过它们看待世界的方式却截然不同。“属于世界，但不活在世间”的人，他定位的方向一定是人格而非本体。

始终记住自我只是另一个东西的反射

让我举几个例子来说明认同人格为什么扭曲了事实，并且会造成痛苦。让我们来谈谈想要证明自己是独立的、坚强的、成功的、有地位的这个议题。这是人们最在意、最关心的题目，几乎每个人都会设定这个目标。这个目标可能源自于本体，也可能源自于人格，其中的差异非常巨大。立足于世上和独立自主，意味着建立起本体的个人面向，这其实是一份内在的成就，也是一份很深的想要实现自己的欲望。活出真正的你，则意味着摆脱过往建构出的所有错误身份，这和你在世上的作为无关。你在世上的作为，或许能显示出你是谁，但是它无法定义你这个人。一旦活出你个人性的本体，也就是你真正的身份，那么无论你做什么都是定位于本体的。通常你会认为自己所选择的职业——园丁、物理学家、母亲——可以带给你一个真实的身份，然而这意味着你认同的只是你世俗的那个部分，这也意味着实相被扭曲了。

当一个人开始对自己的内心下工夫时，通常无法区分出什么样的选择是由人格驱动的，什么样的选择是由本体驱动的。他可能以为选择此事而非彼事，比较能活出自己，但其实并没有一个清楚的指导原则。不但缺乏指导原则，而且基于自我认同，他相信了人格驱动他去做的事，而且非常猛烈地捍卫这些事。“这就是我。我就是这个样子。这是对我最有利的事。”但如果你质疑他对未来的计划或对自己所抱持的概念，他就会受到威胁。即使稍微质疑这些心智建构，都意味着你可能会摧毁他所有的信念。

在“钻石途径”（the Diamond Approach）里，我们认为人格寻求自主和身份的驱力，其实是一种扭曲的心理反射；它真正想要的乃是本体的某个面向——我们称之为个人性的本体。在某些苏菲派的典故中称其为“公主的珍宝”或“无价之宝”。有许多故事都谈过这位公主——个人性的本体——如何从监狱之中解脱出来。当然，监狱在这里指的就是我们的人格，在别的故事里，追求此珍宝则代表着对个人性本体的追寻。

你要如何将“活在世间，但不属于它”应用在上述的情况里？“活在世间，但不属于它”意味着你还是继续做你正在做的事。你继续当你的物理学家、园丁或母亲，但你始终得记住这只是你另一个东西的反射，而你最深的渴望就是去实现自己的那个部分。因此，你主要的努力方向就是去了解你的那个部分，并且去实现它。如果以这种方式去生活，那么你虽然活在世间，动机却大不相同了。你不再属于这个世界，你的人生目的不只是做个物理学家、园丁或母亲，而是去发现那珍宝，个人性的本体。如果你是一名物理学家，你可能连连得奖；如果你是一名律师的话，则可能成为州检察官。但若是无法找到那个珍宝，你还是不觉得满足，你仍然想做更多的事，尝试更多的经验，证明自己是更有能力的。你可能把一生都花在追求更大、更美好的结果上。

请不要误解我现在所说的话。我指的并不是不能去追求目前你正在追求的东西，也不是说你必须坐在家里，一心只想着这个珍宝。我说的是无论你做什么，都只是在扭曲那个真实的东西，你必须将目标定位于本体，真的把这个人性的本体实现出来。因为你的人格即是那真实之物的扭曲，所以它也能指出那真实之物。借着对它的理解，你会开始认清心中所反映出来的一些真相。

那句古谚语并不是要你“不属于这个世界”,它指的是“活在世间，但不属于它”。活在世间意味着你确实是在这个世间生活，而不是跑到山上去冥想或住进寺庙里。你的人生就是一场历险，无论在世上做什么都不是终点，而是将矿石熔成纯金的一场严酷的考验。一旦认清自己便是个人性的本体，做什么就不再那么重要了，你自然会选择能拓展及加强“真我”的工作。除非你已经证悟了你最重要的那个部分，否则就不可能拥有持续不断的满足感。没有任何东西可以取代它的地位。

如何拥有融合感，却不属于这个世界?

让我们来谈谈另外一个例子：与某人生活在一起，同时又保有独立性。拥有一份关系通常意味着你得牺牲自己的某个部分，或是必须做些妥协。假设你并不想这么做，假设你很想和某人亲密，爱与被爱，却又无须妥协而只做你自己，那么你要如何活在世间，但不属于它？首先我们必须理解关系的本质是什么，才能回答上面这个问题。

对亲密关系的需求，其实是渴望实现在童年时与母亲的某种关系。当你四五个月大的时候，你是处在一种“共生式”的状态里。那时你和母亲是融为一体的，你并没有一种“我是我”而“你是另一个人”的感觉。你只有一种美妙、愉悦、温暖及融为一体的无区分感。

如果思考一下你在关系之中想要的是什么，通常你会发现，你很想跟另一个人亲近到不再有任何界分感的程度。你心中有一股强烈的渴望，想要融入另一个人之中。这甚至不再是两人是否相爱的问题，而是渴望存在的只有爱。那就像是一座奇妙的金黄色池塘——如同阳光洒落在蜜糖上一般，一个金黄的子宫。你觉得安全，被保护，整个人都融化了。你的身体充满了愉悦感，你的头脑活动完全不见了。因为我们在婴儿期跟母亲进入过这样的状态，所以我们认为若想再度拥有这种状态，就必须和另一个人在一起。于是我们就开始寻找适合自己的人。其实我们真正想找到的只是那份融为一体、黄金般的温暖感。

我们如何才能拥有这种状态而又不属于这个世界？首先我们必须了解，那种完全融为一体的状态，完全消融于一体的愉悦状态，就是我们的本体。你不需要和另一个人在一起才能经验到它。你可以在独处时，与你的猫相处时，与地毯、汽车或另一个人在一起时，经验到这个本体。我们需要另一个人才能拥有这股黄金般的融合感，这样的信念往往是非常强烈的，“只要我能融化在你怀里，只要你还爱我，一切都会是美好的”。对大部分人而言，和另一个人在一起，确实比较容易经验到融合状态。他们以为自己心中早已拥有的状态，必须靠别人才能感觉得到，其实他们要追寻的只是本体的某个面向罢了。因此，在这种情况之下，“活在世间，但不属于它”显然不意味着你应该放弃关系躲到山洞里。真正的重点是，不论你做什么，不论是否在一个关系中，你都必须洞悉自己的内心，去发现阻碍你经验那份融合感的东西是什么。不论你身处何地或与谁相伴都一样。

对这种本体状态的渴望，不但会影响到伴侣关系，也会使我们想拥有自己的小孩，人人都渴望和自己的孩子融为一体。有时当人们在寻找美景或其他事物时，他们也想要和周遭的一切融合，但是他们却认为自己必须拥有一些条件，这件事才会发生。因此，就探索内心的那个黄金般的本质而言，关系的互动可说是一项严格的考验了。

我已经举出了两个相互攸关的例子。第一个例子与独立、做自己及身份认同——本体的个人面向——的议题有关。另一个例子则涉及到关系，而且往往会带来自我独立与合一经验之间的冲突。这份合一经验时常令你觉得你正在失去自己的身份。如果你察觉到你在世上的处境只是实相的一种扭曲的反射，你就会发现真正的存在是什么了。你的事业、兴趣、关系都很重要，但只有当它们可以引导你深入理解自己时，才有真正的重要性，否则都是无关紧要的。

本体带给你的考验，为的是领会死亡是什么

没有一件事比发现“你是谁”更重要了。下面这则故事可以说明这个道理。

白隐禅师被他的邻人赞誉为真正在清修的人。

有位美丽的日本少女，她的父母拥有一间食品店，他们就住在这位大师的隔壁。

毫无预警地，女孩的父母突然发现女儿怀孕了。

这件事令她的父母非常愤怒。女孩不肯说出孩子的父亲是谁。经过一番纠扰之后，她终于招出了白隐禅师的名字。

女孩的父母怒气冲冲地去找禅师。禅师只是简单回答了一句：“真是如此吗？”

孩子生下之后被带到白隐那儿。这时他已经身败名裂，可是内心却没有什么波动，反而很细心地照顾这个孩子。他从邻居那儿得到这个小婴儿需要的牛奶和其他东西。

一年过后，这名年轻的母亲再也忍不住了，她把真相告诉了她的父母——孩子真正的父亲原来是一名在鱼市工作的年轻人。

女孩的父母立刻前往白隐禅师那儿请求宽恕，他们花了很长的时间道歉，还想把孩子带回去。

白隐禅师顺受一切，立刻把孩子还给了对方，然后简单地说了一句："真是如此吗？"

[出自保罗·瑞普思（Paul Reps）的《禅肉，禅骨》(*Zen Flesh, Zen Bones*)]

对白隐禅师而言，事情一再起着变化，他的名声时好时坏。但这些对他而言都没什么差别。这些事和真正的他都无关。真正的他从未改变过，发生在他周遭的事与他无关。他仍然是原来的他。

你的本体是非常有智慧、非常有心量的。它会丢给你一些冲突，让你有机会观察这些冲突，然后你才能认清你必须认清的一些事。你会在最恰当的时间、地点，碰到最恰当的人，然后激发出你的潜力以及你周遭人的潜力。如果你真的能试着去理解这些状况，你就会对你的本体有所领会。这些状况并不是要为难你，如果你只看表面的现象或视其为一种困境，你一定会很难过。如果只从自我或某种身份的面向来看待它，你一定会感到痛苦，而且会延续这份痛苦。假设你能看见自己会跌跤和受苦，是因为被路上的某些东西绊倒了，那么你就会认清障碍是什么。

我们在这里所做的事，就是要看一看你所带来的障碍是什么。我们要去除它们，分析它们，检视一下它们是来自于你的童年，还是你的关系，或是你目前的生活。从这些材料中我们会逐渐发现那块珍贵的金属——或是藏在里面的宝石。你可能以为一旦解决了无法独立的问题，你就能独立自主，靠自己生活，赚很多的钱，做自己想做的事等等。这些都没错，但并不是最重要的因素，最重要就是让你内在的某个东西得到发展，其他的事自然会毫不费力地发生。

世界是一个提供许多课程的大学

因此，我们现在正探讨的是“活在世间，但不属于它”。我们这里的每一个人都活在世间，而且做的事都跟别人一样：我们穿衣服、吃东西、上超市、拥有一份工作、做爱、争吵等等。虽然如此，我们的焦点却不大相同，我们并不认同那个会吃东西、买东西、工作等等的部分。我们必须对眼前正在发生的事发展出一份觉察力，而不是一味地认同它；我们称这份能力为“留意觉察”或“不认同”。为了认识你自己，你必须发展出这份能力，这才是最重要的事。你必须觉察你的内在和外在正在发生的事。这个世界就是一间大教室，所有的情况都是课程，好让你发展出你的某个面向，或是你本体的某个面向。世界就是一所提供许多课程的大学，提供有关性、工作、关系、独立和依赖等等课程的大学。

一点一滴地，我们会逐渐意识到我们生命中所有的冲突和障碍，而又不至于对这些事深信不疑。我们越是能留意觉察和不认同它们，就越能看到真相，如同看见岩石中金矿的脉络一般。其实黄金就是矿石。若是能发展出这份留意觉察而又不认同的能力，它最终一定会引领我们经验到我们的本体。

“活在世间，但不属于它”不只说明了自由人是什么情况，也说明了本体是什么，这是内心比较深刻的面向。然而我们生活在其中却又不属于它的这个世界，到底是由什么东西构成的？这个世界是由众多事物所构成的，不过我们能够觉知到的世界，主要是由思想、意象、情绪和知觉所组成的。你对这个世界以及对自己的认识，完全奠基于思想、意象、情绪和知觉。你还认识其他的东西吗？从根本上来说，你所觉知到的世界最终还是归根于你对它的知觉、你对它的感受、你对它的印象以及你对它的想法。举例而言，一棵树只是一棵树，但对你来说它又是什么呢？它就是你心中的一个意象，一份感觉，一种触感。如果你正坐在一张椅子上，你对这张椅子最直接的感觉是什么？那是你屁股底下的一种感觉，对不对？你心中有某种意象或概念，促使你以某种方式而非别种方式去坐，这就是你的世界。

然而本体却是"活在世间，但不属于它"的。它既不是知觉、情绪，也不是念头活动，然而它却"活在世间"。它就像是岩石中的黄金。它并不是那块岩石，它埋藏在岩石里面。本体就存在于知觉、情绪和心念活动里，但并非上述的任何一样东西。宝石埋在大地之中，但它们并非大地本身，它们是另一种东西。你内在的本体也是另一种东西，它既不是你的肌肉，也不是你的情绪或思想，然而它就埋藏于其中。你内在的本体就像岩石中的黄金、大地中的宝石一般。

既然如此，不妨进行一些探矿或采矿的活动，以便发现到它。你可以探索自己的身体、情绪及心智活动，去发现那个珍贵的东西。举例而言，你可以在身体上下工夫，发展出对身体的敏感度，这么做也可能使你发现本体是什么。或许你可以探索一下自己的情绪和知觉，直到你对它们发展出微细的辨识能力为止。你会看到你信以为真的情绪并不真的是一种情绪。你会认清你的某种肉体知觉并不是生理上的感觉。虽然很接近，但并不真的是一种生理上的感觉。本体好像是身体上的某种东西，却又不属于身体。它就像是肉身的另一个次元，另一个向度。

本体的本质就是万事万物的本性

"活在世间，但不属于它"具有更深刻的意义，因为本体一旦被发现，就会开始拓展，如同炼金一般越来越精纯，直到它臻于最根本的本质(nature)为止。本体的本质便是万事万物的本性。它是我的本质，也是你的本质，更是鸟儿、猫儿、树木、岩石及万物的本质。然而它既非岩石、猫、你的身体，亦非你我。它是这些事物的内在本性，有了它，这些事物才得以存在。这个本体的本质或万事万物的本性，有时也被称为“神”。

神，本体中的本质（the essence of the Essence)，是无所不在的。它存在于肉体中、知觉中、思想中、有情物和无情物之中。它存在于万事万物之中，却又不是这些东西。它在它们之中，但又不属于它们。因此“神”，“本体中的本质”，是“存在于世间，却不属于尘世”的。这便是这句话最深的意涵。

“活在世间，但不属于它”还有另一个重要的面向。那就是，我们必须认清本体是什么以及不是什么。这涉及到认识和承认本体是正在你心中运作的真实元素。

本体一旦被发现和识出，很快就会拓展开来。识出它会使它茁壮，如果无法识出它，它就会维持在蛰伏状态。一旦发现它，它就会开始成长。它是以光为燃料的。我们在这里所下的工夫之中，这是非常重要的一部分。我们必须认清什么事能真的促进我们改变和成长。

假设你已经在自己身上下了一两年的工夫，你来到我们这个团体里，想要解决某些生命议题，而某些改变真的发生了。也许你的心打开了，或者你变得更清明了，但是你可能会说，“喔，我的心会打开，是因为我遇到了一个很棒的女人，她真是不可思议。我一见到她心就开了，从此以后一直是敞开的。”

这个例子显示出你并没有认清你真正下了什么工夫，你把它推给了别的东西。你把功劳归于错误的对象，而这么做就是在让你所下的工夫失效。你花了两年的时间了解自己，结果你却说那并没有什么帮助。你认为你的开放、你心量的扩大和富足感，都是因为遇到了这个精彩的女人。或者你可能会说，你的拙火[1]启动是因为某人在你的尾端做了一次很特殊的按摩。你完全忽略了过去五年以来，你一直在对治各式各样的情绪问题。如果你没有下这些工夫，就算有人用砂纸磨你的尾骨，你也不会有任何感觉。

也许某一次你得了感冒，你却觉得自己的心因此而打开了，于是你就认定你的心是因为感冒而打开的。你归功于自己的感冒，而非四年来所下的工夫。其实感冒很可能是一种对开放状态的抵制。生病通常都是在抗拒扩张的状态。如果你无法认清自己所下的工夫带来的影响和价值，你就是在阻止自己继续用功下去，不让自己对真理有进一步的体认。

辨识生命的微细变化

拥有这份辨识力是很重要的，它不只会影响我们早先所提到的定位问题，也能帮助我们认清什么才是生命中最重要的影响。如果你无法归功于正确的对象，你就是在否定那个能促使你成长——包括你的工作、你的能力、你的本质——的因素。我有许多朋友都曾体验过他们的本质，却并不了解那是什么，因为大部分的时候他们都否定了自己所下过的工夫。每当他们参加一个课程，一种新的灵修训练，或别的自我探索方式，他们就是在否定自己已经学会的东西。他们把自己的体认和已经获得的珍宝抛弃了，于是一切又得从头开始。我比较幸运，我没有否定任何东西。每当我学习一样新东西时，我立刻就领会了我从早先的经验中所学到的东西。我发现这样的态度会带来十分不同的结果。

有时你很难辨认是什么促成了你生命中的领悟和清晰的认识，但如果能辨别出是什东西带来了功效，你就会越来越贴近你的本体，因

1　指脐下3寸处（下丹田）升起命火，以此命火温养敷布全身，谓之“拙火”升腾。

为只有本体才能造成这样的效果。反之，如果你将你的成长归功于外来的事物，那么你不但是判断错误，同时也减缓或停止了你的成长。那就等于在对自己的本体说："你是不重要的。"这其实是对本体的一种攻讦。否定你的本体乃是你的自我或超我的一种活动。

根据我的观察，人们通常无法认清正在发生的事或正在运作的力量是什么，因为他们心中有一股抗拒力，阻止他们看到和经验到"本体"。这不但是一种判断上的错误，背后还有一股强而有力的动机，一种超我的防卫机制。此外，你根本无法从周遭世界获得任何支持或引领。别人无法认清真正改变你的力量是什么，因为他们也不想认清自己心中的那股力量。他们不想看见真相，所以他们也不想认出你心中的本体。在我的经验里，认清什么东西为我带来了进展是很重要的事。"活在世间，但不属于它"可以延伸至看见我们的所作所为之中，真正的肇因和驱力是什么。你们有没有任何的问题或意见？

学生：*某些人的本体是否比别人的本体更能发挥作用，即使他们无法完全意识到它？*

阿玛斯：是的，确实有这种情况。葛吉夫称这种人为"愚蠢的圣人"，意思是他毫无所知地存在着。

学生：*人们会被他们吸引，是否因为也想拥有这份品质？*

阿玛斯：当然是的。有时人们能毫不费力地成长和发展，是因为他们一开始就没有被过度压制。

学生：*或许他们的本体因某种意外或某种才华而比别人的明显。*

阿玛斯：本体跟才华无关。一个人很可能非常有才华，可是却全然认同了他们的人格。我早先已经说过，本体是"活在世间，但不属于它"的，才华却属于世间的一部分。本体可以使各种才华的潜能臻于成熟，不过是否聪慧，是否具有创造力，都跟本体无关。

第二章 坑洞理论

坑洞通常源自于童年的创伤经验。也许父母并没有重视你，他们忽略了你的根本价值，使你觉得自己是不重要的。因为你的价值没有被看见或认知，所以你和你的某个部分失去了联结，遗留下来的便是坑洞和匮乏感。

今天要探讨一下我们在这里所采用的基本观念，那就是所谓的“坑洞理论”（the Theory of Holes）。一般而言，大部分人都充满了我们所谓的“坑洞”。坑洞到底是什么？坑洞指的是你已经失去联系的某个部分，也就是你无法意识到的某个部分。从最根本上来看，我们真正丧失的其实是我们对本体的觉察。如果无法察觉到我们的本体，它就会停止显现，然后我们就会感到匮乏不足。因此，坑洞指的就是我们本体的某个部分不见了。这可能意味着某种本体的品质不见了，譬如爱、价值感、与人联结的能力、力量等等。虽然我们已经无法觉察到本体的某些部分，但并不意味它们从此消失了；它们从来不会消失踪影的，你只不过是和它们断了联系。

让我们来谈谈价值感和自尊的问题。当你感受不到自我价值时，你的内心会有一种空空洞洞的感觉。你会感到匮乏、自卑，只想拿外在的价值来填满这个洞。你会利用别人对你的肯定和赞赏来达到这个目的，你会以虚假的价值来填补这个洞。

我们带着一身的坑洞四处奔忙，却往往无法察觉到它们。我们通常只能意识到自己的欲望：“我想要赞美。我想要成功。我想要这个人的爱。我想要这种或那种经验。”欲望和需求一出现，便暗示着坑洞已经冒出来了。

这些坑洞通常源自于童年，其中有一部分是创伤经验或是与环境冲突所造成的结果。也许你的父母并没有重视你，他们对待你的方式，使你觉得你的意愿或存在是不重要的。他们的作为使你觉得自己是不重要的，他们忽略了你的根本价值。因为你的价值没有被看见或认知

（甚至遭到攻击或受挫），所以你和你的某个部分失去了联结，而遗留下来便是坑洞和匮乏感。

关系的建立，往往是在填补彼此心中的洞

当你和某人建立起深刻的关系时，你就会用那个人来填补你的洞。你认为你从那人身上得到某些东西而将自己的洞填满了。举例而言，你可能会因为这个人欣赏你而感觉有价值，你无法意识到自己正在利用他人的赞美来填补心中的洞。只要你和那个人在一起便感觉到有价值，如此一来，你会不知不觉地认为是那个人使你变得有价值的。他无论给你什么都使你觉得那是你自己的一部分，你所经验到的满足都是他带给你的。

你的无意识看不见他使你感觉有价值的那个部分和你是分开的，你把它当成了自己的一部分。那个人一旦死亡或关系结束了，你不会感觉失去了那个人，你感受到的是填补坑洞的东西不见了。你的感觉是你丧失了自己的一部分，而这就是你会那么痛苦的原因。感觉上就像你的肉被切开，某些东西被挖掉了。这才是创伤和痛苦的原因，由失落感所造成的伤痛。你可能会发现你的爱、你的安全感、你的力量、你的意志力都不见了。失去亲密伴侣会使你觉得以前被他填满的那些洞，现在又暴露了出来。

如果人们说，“我们彼此很适合”，这就意味着他们是在填满彼此的洞。这部分补足了这个洞，那部分补足了那个洞。当两个人生活在一起时，他们会觉得完整而满足，因为他们感觉彼此互补，结合在一起使他们变成了一个完好的整体。

很少有人能填满你所有的洞。你的生活中充满着各种人与活动，但他们仍旧无法填满你所有的洞。仍然会有一些坑洞存在，而这会造成你的不满足感一直持续下去。当然坑洞是无法被彻底填满的，只要对方有一点变化，或者说了某些让你不舒服的话，你就会感受到那些

坑洞的存在。你会再度感觉到那些洞，“喔，他根本不认为我有任何价值。”你感到愤怒和受伤，是因为心中的洞又暴露了出来。因此，不满足感会一直持续着，是因为对方无法永远填满你的洞，特别是对方也需要你去填满他的洞。

学生：如果你的关系改变了，或者你生命中的某个人改变了，你的坑洞是否也会跟着改变？

阿玛斯：没错。任何改变都会动摇坑洞的四周。某些洞会被填满，某些洞会空掉，这时此人就必须学着适应，或是找到其他的方法来补洞。这通常意味着他们必须面对某些坑洞了。他们必须去感觉这些洞的存在，或是去了解它们。

现在你终于知道为何失去某个和你非常亲密的人，会是这么痛苦的事。和某人在一起很长的一段时间之后，你已经对那种契合的状态习以为常，你深信那人就是你的一部分。失去那个人就像失去自己的一部分似的。

能填满你的东西，并不是真正的你

如果能直接体验到这份失落和分离的感觉，你就有可能认清那些能填满你的东西并不是真正的你。如果你能跟这份失落感中的痛苦共处，而又不试图以别的东西掩盖它，你就会感受到那份空虚。你会感受到而且会看见那个洞。如果你允许自己去体会那份不足和空虚，你就会发现自己最根本的部分，并且能一劳永逸地填满那个洞。甚至不能说是填满，而是从此清除了心中的坑洞，不再认同那份匮乏感了。这么一来你便拾回了自己的一部分。你和你早已丧失的某种本质重新连上了，以往你一向认为只有靠别人才能办得到。

大部分人在结束一份关系时，都会感受到自尊的丧失，这便是为什么我要特别举出价值观的原因。若想探索那份失落感，你必须和那份感觉共处，并且得问自己，“为什么我觉得这么没价值，为什么他不在我身边我会觉得什么都不是？为什么我觉得我的价值变得如此低落？”如果你能和那份感觉共处而不企图改变它，只是留意并试着去理解它，便可能体验到那份不足和空洞感。假设你理解了这份不足以及它的源头，你很可能会忆起那个造成你无价值感的事件或事件的原型。

坑洞往往是被人格所填满的，而人格通常会记住那些令你失落、痛苦和矛盾的情境。我们必须在最深的层次重新经验那份痛苦，而且要贴近那个坑洞，才能看见这些记忆。我们一旦认清早期的那份失落感是什么，被我们遗忘的本体自然会重新活络起来。

因此，深刻的失落感往往是成长的机会，它可以使你更了解自己，并经验到那些你以为靠别人才能填满的洞。不幸的是，人们通常会极力防卫，不让自己深入地感受那份失落。这么做主要是想逃避内在的空虚。我们并不清楚空虚或不足乃是丧失某个更深的东西的征兆。那个东西就是我们的本体，而它是可以被重新拾回的。人们以为那些坑洞和匮乏感便是他们最深的真相了，超越它们之外就没有别的东西了。他们以为自己有某个地方不对劲，其实这份不对劲的感觉就是对无意识的一份体认。

经验坑洞如同经验到一个有容乃大的空间

人们往往会竭尽所能不去感受这些洞。他们觉得如果贴近那些洞，自己一定会被吞没。举例而言，当他们贴近“爱”的坑洞时，可能会感受到排山倒海的孤寂和空虚所带来的威胁。其他的坑洞则会造成一种快要灭绝的胁迫感。难怪我们不想接近这些坑洞！但是在我们的工作坊里，我曾经看过令人惊讶的事：如果我们能不去抗拒面临坑洞时的感受，你就会发现，经验到坑洞并非那么痛苦的事。那就像是一种什么都不存在的空寂感。那并不是一种具有威胁性的虚无状态，而是一个有容乃大的空间。这是一个可以让本体显现的空间，而且只有本体可以从内在彻底消除掉坑洞或匮乏感。

学生：坑洞会不会以愤怒的方式呈现？

阿玛斯：会的。内在的匮乏感很可能以愤怒的方式呈现，尤其是内心如果抗拒那份空洞感的话。大部分的感觉，特别是那些不假思索的冲动反应，都是坑洞所造成的结果。如果坑洞全都清除了，这些情绪也就不存在了。哀伤、痛苦、嫉妒、愤怒、怨恨、恐惧——全都是坑洞所造成的结果。如果心中不再有任何坑洞，你就不会有这些情绪，那么剩下的只有本体了。这就是为什么这些情绪会被称为激情、错觉或虚假的感觉。

整个社会都在教我们拿外在事物来填补自己的洞：我们应该从外在获得价值感、爱或力量。我们时常谈论与人为善、恋爱或拥有一份有意义的事业，是多么美好的事，就像人生的意义都要仰赖这些活动似的。我们总是将意义归功于某个人或事，而非真正有功劳的本体。整个社会的安排都是要人们互相补洞，我们所熟知的文明便是建构在补洞之上的。它既是人格的产物，也是人格的居所，它维持和滋养了人格。

学生：情形一直都是这样的吗？

阿玛斯：我不认为如此。我认为这是一种渐进的发展。人格对文明的主导性是经过一段时间才发展出来的。我们越是变得机械化，我们的文明就越倾向于补洞。许多人都认为过去的人类比较有爱，有品德，也比较能体认到实相，他们比现代人更能与本体联结。你也许听过“黄金时代”的说法。据说在“黄金时代”，人们所经验到的多半是本体而非坑洞。当本体逐渐消退而坑洞开始出现时，“白银时代”

便开始了。接下来出现的是“青铜时代”，而我们现在是属于“黑铁时代”。这是最黑暗、最沉重的时代。铁除了护卫之外，没有别的东西了。我们时常会感觉到那份铁的特质，尤其是当我们企图以强硬的态度护卫自己时。全力护卫自己不去接触心中的坑洞，乃是对当代的一种描述。

允许自己忍受这些坑洞，并穿越它们到达彼岸

允许自己忍受这些坑洞，并穿越过它们到达彼岸，对现今的时代而言是更困难的事，因为社会中所有的事都在抵制它。社会是抵制本体的。你周围的每一个人，你所到的每一个地方，都在企图补洞。如果你不以同样的方式补你的洞，人们会受到威胁。假设一个人不想填补心中的洞，他会令别人更清楚地感受到自己心中的洞。

“内在工作”已经变得越来越困难，然而“内在工作”也变得越来越迫切。这就是为什么拥有一个以自我认识为己任的团体是这么重要的事。因为有许多愿意去感受自己的洞而又不企图填满它的人，都会在旁边支持你。要一个人单独去做这件事，是非常困难而又不可能的任务，因为他周遭的每件事都在抵制这份工作。

学生：你刚才提到坑洞和情绪之间有某种关联，而本体是没有任何情绪的。我不太明白这句话的意思。

阿玛斯：如果你能了解自己的感觉，就能贴近自己的本体。但这并不意味你的感觉就是你的本体。

学生：这是否意味着如果我一直都是我的本体，我就没有任何感觉了？

阿玛斯：不，不是这样的。你会有一些真实的感觉，也会有一些虚假的感觉。虚假的感觉总是来自于想填满心中的洞，也就是说，真

正的感觉不见了。

学生：*这么说来，存在于坑洞中的都是假的感觉啰？*

阿玛斯：没错。譬如你失去了自我价值感，在某个阶段如果你和它失去了联结，就会留下一个洞。这个洞可能被经验成自卑或低自尊，然而这并不是真正的感觉。这意味着自尊或自我的真实价值不见了，这份低自尊的感受，经常会被自大的防卫机制所掩盖。但自大也不是真实的感觉，那也是一种企图藏匿什么的虚假感觉。当某人所说的话或做的事使你感到自卑时，你心中生起的愤怒也是一种虚假的感觉。这些虚假的感觉所以会冒出来，是因为你没有意识到你真正的价值，它们只是起一种补偿作用。它们显得很真实，是因为你确实能感受到它们。它们不真实，是因为你失去了真实的东西之后，它们才会出现。这是一个很重要的差别。假设你无法意识到你真正的感觉，别的东西，例如情绪，就会取而代之。但如果能体认到这些情绪的真相，你就会认清你失去的东西是什么，并且会经验到它。你一旦体认到自己真正的价值，你就会认清它与遮蔽住那份失落感的虚假感觉是截然不同的。情绪只是一种反应罢了，然而像价值这类的本体状态，却是一种"存在"的形态，它们绝不是反应。

学生：*如果你有一些虚假的感觉，埋在它们底端的又是什么？*

阿玛斯：譬如在自卑、自大、愤怒、受伤的底端，一定有一份自我价值感，它也是本体的某个面向。

你有没有读过柏拉图？还记得"柏拉图理念"（the Platonic Ideas）和"柏拉图类型"（the Platonic forms）吗？苏格拉底曾经说过：没人能教你什么是类型，你只有靠记住它们来认识它们。也许你并没有注意到它们，但是你已经把它们记住了。借由记忆你产生了理念。你所回归的并不是情绪，而是你的本体。本体比情绪更为真实和富有价值。本体就像你的血液一般真实。它不是一种反应。

有些人不但意识不到自己的本体，甚至连情绪也感觉不到了。这使得他们距离自己非常的遥远。他们拥有的只是思想，而思想通常都是由情绪制造出来的。我们就是这样失去了自己而开始认同我们的思想。起先本体是存在的，然后我们失去了本体，接着情绪便产生了，最后我们连情绪或环绕着情绪的冲突也意识不到了，于是便制造出了各种的妄念。因此，了解情绪可以帮我们解开防卫的死结，使我们不再企图逃避心中的坑洞。情绪可以彰显出我们已经丧失觉知的某部分本体。

大部分人都会质疑，如果感觉不到自己的情绪，那还能感受到什么？其实你越是能感受到本体，你的情绪就越少。你仍然会有某些知觉，而且往往比以前更深更强烈，可是你的情绪却不会变得更深更强烈。情绪只是一种神经系统的反应罢了，但本体并不是神经系统的反应。那个东西一直在你里面，你的某个部分一直存在着。

有人认为我们的本体才是最“真实的感觉”，而人们所谓的感觉和情绪都不是本体。爱、祥和、价值感、力量和意志，这些都是本体的不同面向。有了本体，你经验到的就不再是愤怒而是力量。你不再感觉到自傲或自卑，你会体认到自己的价值，你会体认到你是圆满和强有力的。

学生：这里所进行的内在工作填补了我许多坑洞，因此当工作坊的活动停歇时，我会感到有点惊慌。虽然如此，我还是觉得内在工作带给我的满足，和我用另一个人来填满自己的那份感觉是不大相同的。除此之外，我在这里所下的工夫，往往使我能安全地去感受心底的空虚。好几次我从这儿获得的饱足感，都是由于你帮我建立了足够的安全感而得以经验到某个坑洞。

阿玛斯：是的。我们在这里经验到的情况确实比一般情况要复杂些。你们在外面所做的一些事，也可能带进这里来。有许多人确实会利用我们这个地方来填补心中的洞，不过还有另外一个角度，那就是，内在工作的本身要体验的不只是内心的富足，同时也要体验到不足。

假设你是以正常的方式来利用这里的工作填补你的洞，那么你可以将停课期间出现的空洞感视为一般的空虚感，然后看看心中失落了什么。你可以试着去体验它或了解它。

人们经常利用内在工作去填补某个特定的坑洞或匮乏感。你可能会觉得，“我们这个团体里的人都很聪明，诚恳，喜欢追求真理；所以我一定是很不错的人。”但是你回到家之后却觉得，“或许我并没有这么好。”如果是这种情况，不妨让自己体会一下那个洞，深入地去了解它。

我们的工作还有其他的过程，也可能会让你感到满足，因为某种真实的圆满感一旦出现，你就会意识到自己的完整性。一周过后，如果你仍然无法像从前一样深刻地意识到它，你就会开始质疑它。这又是另一个过程了。也许以往的满足感产生时，你并没有完全理解它。也许还有别的议题尚未曝光或解决，所以你无法维持这份圆满感。

我们在这里所经验到的圆满，和你因填补坑洞而得到的满足是截然不同的。坑洞被填满通常不会被经验成一种圆满。真的，如果某人填满了你的洞，那份感觉是很不稳定的，而且不会使你感到满足，那就像是一种暂时的放松，一份执著。你会不想让那个人离开，你不希望他们改变他们对待你的方式。深入地来看，那其实是一种封闭而非开放状态，但内在工作带来的圆满却是障碍的消除。

美妙的体验不会持久，除非勇敢地面对内心的匮乏

有时许多坑洞会同时显现，所以有点令人困惑。通常人们第一次加入这个团体开始探索自己时，许多坑洞会同时被经验到。内在工作的目的就是要揭露坑洞，让人们从内在来解除掉它们。我们不用外在的东西来填洞。我们可以很轻易地带给人们各种美妙的经验。我们可

以冥想，进行各种锻炼，每个人都可以有很好的体验。

然而这些体验都不会持久，除非他真的能勇敢面对内心的匮乏和坑洞，并且能重新经验一遍。这个过程可不是那么简单的，需要一些时间和许多的努力。经验到坑洞但不从匮乏感中产生反应，是非常困难的事，因为你会有强大的欲望想要填满它。你甚至会有一种生死攸关的感觉。

学生：今天早晨我在外面吃早餐时，突然领悟到那个女服务生补满了我好大的一个洞。

阿玛斯：没错。许多人都是靠补别人的洞维生的。各式各样的生意都在补人们的洞。我对补洞这件事并没有任何道德批判，我不认为这是一种罪，我也不认为你应该内疚或是去惩罚自己补洞的行为。有时你会补自己的洞，有时你会补别人的洞，那又何妨？我真正想做的事是去了解心中到底有些什么东西。我并不是在树立新的宗教教条：你不该补洞。

你可以从“坑洞理论”和“补洞”的角度来看待每一件事，你会看到大部分的时间你不是在补洞，就是在强忍着某个洞，再不就是突然体悟了某个真实的东西。每一时每一刻，这些事都在发生。

在内在工作里，你对治的洞会变得越来越大。起先你面对的是比较小的洞，接着是大一点的洞，最后你会碰到最大的洞。里面所有的东西都没了，也就是所谓的死亡。死亡一旦来临，你拥有的一切都会消失。因此最后一个大洞就是丧失你的肉体。肉体的死亡如同一个巨大的洞，“一个漆黑而暗沉的黑洞，里面什么都没有”。你一直企图以肉体来补满那个洞，但如果你能在心中放掉对肉体的执著——我并不是说你的肉体必须死亡——那么你可能会突然见到完整的你，那个你一直想以肉体来取代的你。

大部分的人都认为他们就是自己的身体。这是我们最深的一种执著或认同，也是我们会渴求肉体享乐的真正原因。那份对肉体享乐的渴求，本身就是一个坑洞。坑洞代表的就是无法意识到真正的快乐。坑洞会存在是因为我们不再意识到本体之乐。那是一种茫然的感觉。

当然，没人会相信这种事。“如果放掉了这些享受，我还剩下什么？如果不能一天吃两次可口的饼干，隔一天就做爱一次，或者不能做这个做那个，我怎么会感到快乐呢？”因此，这是需要去探索的最后几个大洞之一。

误以“假宝石”来填补自己

内在工作并不是要改变你。你还是照旧做生活中该做的事，但是要对当下发生的事保持觉察。你只需要做这件事就够了。留意你的生活，试着去理解它。在过去，人们往往会选择进入修道院，放弃一切世俗的事物，专注于内在工作。然而重点并不在于拒绝所有的事物，而是要体验内心的坑洞。时间久了，上述的修炼方式便染上了道德色彩——与外界接触似乎是不妥的事。然而这类避静活动的真正目的，本是为了让你感受到坑洞而不去填满它们，这样你才能认清它们是怎么一回事。

我记得梅尔·巴巴（Meher Baba）画过一幅图。他想要借着这幅图来说明“神”就是万事万物。为了让每件事都能圆满，它有一部分必须是空的。世界便是从那空无之中生起的。我们的知识就是源自于事物中的空性，我们必须认识这份空性，才能知道所有的事。你必须具备空性，否则你就是不完整的。完整意味着具足一切，而一切必定包括空无在内。

有关“坑洞理论”还有一件事需要说明。我早先曾经说过，坑洞是在你童年时制造出来的。婴儿时期的你什么坑洞都没有，那时你的心是完整无缺的。等你慢慢长大之后，因为和周遭的环境互动而遭遇到一些困难，于是你和你的某一部分便开始失去联结。每一次你和你的一部分失去联结，坑洞就产生了。这些坑洞又会因为你对失落感的记忆，以及与失落感相关的议题，而变得越来越大。一段时间过后，你会开始补洞。你会以错误的感觉、概念、对自己的信念以及对治环境所采取的策略，来填满这些洞。这些补洞的东西统称为人格，或是我们所谓的“假宝石”。

因此，“假宝石”就是失去了部分的自我而造成的结果。一段时间过后，我们会认为这便是真正的自己了。我们认为我们就是那些填补坑洞的东西。因为人格总企图取代真实之物的地位，所以我们要在这里花很多工夫来认识我们的人格。我们研究人格的发展，直到自己终于有能力体认到某个坑洞形成时的情况为止。

我们审视人格的每一种品质，看看它是在什么时候丧失的，而结果又是什么。有时一连串的品质都会失去。举例而言，假如你失去了你的力量、意志和爱，它们就会形成一个个的坑洞。因此，心理学所有的观点几乎都可以建筑在“坑洞理论”之上，这便是人格心理学或有关这假宝石的心理学。

学生：我发现每当有人看扁我的时候，我都会感受到心中的坑洞。我似乎还没强壮到可以安住于其上，而不以慌张、渴望、自我贬抑来补这个洞。我很快就会认同这些感觉。以更直接的方式来体验这些洞，是否就是我们所要下的工夫？

阿玛斯：没错。这便是我想说明的道理。我们的工作就是要体验这些感觉，学着与它们共处，而不企图以别的东西来补洞。有时你会不自觉地补起洞来，所以人格才会被称为“自动化反应”，因为它是机械的。一段时间过后，所有事情的发生都会变得自动化，你连自己正在补洞都无法察觉了。

学生：要如何才能将这个过程减缓下来？是不是只能看着它？

阿玛斯：是的。当你对自己正在补洞的情况还稍有觉知的时候，就要立刻看到它。如果能制止自己去补洞，会是很有帮助的事。你不妨设定一个目标：“接下来的两个礼拜，我要停止从外界取得肯定。”或者“每当我想从外界得到肯定时，我就要观察这个倾向而不试图改变什么。”这是另一种做法。我们这里所进行的内在工作就是要对治这些议题。今天我们要从另一个角度来看看它，这么做也许能带给你某种了解、促使你成长。人格的行动可以分成两端。一端总是企图逃避坑洞，趋乐避苦；这是一种自动化反应。人格的另一端则永远想把暴露出来的洞填满；这也是一种自动化反应。每当你失去一种本体的品质之后都会留下一个洞，而你的人格又会自动地想拿外在的错误品质将它填满。

大部分的时候你所认同的都是那想要补洞的企图，因此你不认为自己可以不做这件事。每当你觉得沮丧时，就会试图从别人那里得到赞美，否则又能怎么办呢？真的，这确实是大部分人的想法。如果你觉得自己不可爱，那么就去找一个认为自己很可爱的人吧！这种模式往往是根深蒂固的，你几乎不可能改变它们。

整个社会都在企图补洞

开始对治这个模式时，你必须一次又一次地观察它的发生，并且要认清它并不是那么有效。通常人们是不会到这里来的，除非他们已经发现自己的方式无效。大部分的人对自己的策略都深信不疑，以为再过个几年，他们的策略就会生效了。也许目前只是还没碰到合适的人，合适的情境。如果能多赚一点钱，事情或许就会改善了。但是那些真正在观察自己的人会很清楚地看到，这些模式根本无法使他们得到他们想要的东西。来我们这里的就是这一类型的人。我并不是说参与我们工作坊的人都已经决定要体验自己的坑洞了。不是的！起初人们来到这里其实是想找到更好的方法来补他们的洞。这才是当初大家来这里的目的，“我会找到更好的方法让某人更爱我、我会找到更好的方法来减肥、我会找到更好的方法去做这个做那个”。渐渐地他们会发现，原来内在工作完全是另一回事。

人们要花很长的时间才会了解企图补洞是无效的。即使你现在正在听我说话，也是在企图通过某种理解来补自己的洞。“如果我能知道事情是怎么回事，或许情况就会好些。”只有当你真的去体验你的坑洞，也就是开始去感受你的空虚时，我说的话才能生效。假如你以言语或概念来填满它，那么你还是在补洞。

人们时常以各种不同的方式来补洞。你可能会认为，“原来我只是在利用我的丈夫补我自己的洞。好，现在我决定接下来的两个礼拜完全不跟他说话。”其实她就是在企图以谴责先生的方式来填满自己的洞。我们补洞的方式往往是非常狡猾的，“啊哈！我决定不找新工作了，我也不想再赚更多的钱了，因为那只是一种补洞的行为。而且他说过，赚再多的钱也没用。”当你继续填补其他的洞时，这些想法会一再地出现。

我想这个观点会使我们对社会产生某种洞见：坑洞已经掌控了整个社会。大部分的时候社会都在企图补洞。你以为广告的作用是什么？它们正好可以补上你的洞。他们发现了某个特定的洞，并且能以最好的材料将它补起来。上乘的广告公司是最善于补洞的，他们很快能看见他们的产品可以补什么洞。他们就是以这种方式赚进了数百万美元。

学生：被广告吸引的是既存的洞，还是被广告创造出来的新洞？

阿玛斯：你的坑洞是在你童年就创造出来的，我不认为广告能创造出新的坑洞。它们强化的是既存的洞，而且以不同的方式吸引住了人们。譬如某些女人如果认为自己不够美，就可能通过各种方式来填补这份匮乏感。广告强化了这个补洞的机制，它激活了从坑洞中生起的欲望。

你从坑洞中产生了某些对外在事物的憧憬，我们的无意识就是由这些意象组合成的，而且我们一直在寻找这些意象。广告就是通过我们的渴望而运作的。它说："你买这项产品，会变得很美。买那项产品，会变得快乐、富有和不朽。"

学生：广告为什么不能用来激发你对本体的渴望？

阿玛斯：因为人们无法靠它赚很多的钱。

学生：对本体的渴望不也是非常强大的吗？

阿玛斯：这是最强大的一种渴望。所有的宗教体系和教会都在拿它做广告。它们通常会造成更深的吸引。当然，它们很少能真的带领人们证入本体。

学生：想填满别人的坑洞，是否也是一种想补自己洞的欲望。

阿玛斯：没错。有时你会以为别人有洞而你没有，并借此来逃避自己的坑洞。

学生：或者你会以为别人是需要帮助的。

阿玛斯：有这个可能。逃避你自己的坑洞，然后将它们投射到外在，也是一种防卫机制。你可能会说，"别人有需要，所以我要帮助他们。"这个补洞的过程并不是那么显而易见的，那是一种非常深沉而微妙的过程，甚至可以深到生命的最底端。你需要下很深的工夫才能破除它，逆转它，然后回归到本体。

第三章 钻石途径

我们必须认清本体并不是一团东西，也不是某种状态、经验或存在的某种形式。本体具有许多形态和特质，譬如真诚、爱、慈悲，还有客观意识、价值感、意志及喜悦。这些都是本体的各种特质，它们就像是钻石的不同切面，反映出了不同的色彩。

我们把我们这里所做的工作称为“钻石途径”。钻石途径是什么？它其实有双重意义。

钻石途径意味着我们采用的方法具有钻石般的特质，我称之为钻石般的觉察力。钻石具有非凡的密度，它是无坚不摧的。我们这里所采用的途径是既专注，又像激光手术一般精准的。此外，我们的方法是珍贵的、有价值的，而且能历久不衰。

有时我们也把钻石途径视为一种“内在工作”。如果能了解这句话的意思，也许更能帮助我们认识这里所做的事是什么。人类一向有别于动物，因为人类会承受某种特殊的痛苦，而动物却不会。所有形态的生命都会遭受到疾病和死亡的痛苦，但人类还会经验到情绪和心智上的痛苦及烦恼。根据历史上的记载可以得知，人类曾饱经情感上的创痛、不满和不安。人们现在所经验到的一切都毫无新意，这些问题一向存在着。或许我们的痛苦比数千年前更强烈，但大致而言还是同样的苦受。

在这种普世性的情境之下，有少数的几个人已经认清，这份痛苦大部分源自于人和自己的疏离。我们的不满足绝大部分并非源自于疾病或物质上的困境，而是未能充分活出自己。疾病或老化所带来的痛苦是没什么解决办法的，但情绪上的痛苦并非无法避免的，至少有些人这么认为。因为我们不知道自己是谁，不认识我们真正的存在本质，无法自在地做自己，所以才会有情绪上的苦恼。这种自我疏离的现象留给我们一份空虚和痛苦的感受，时间久了，就会造成生理上的困扰、身心的疾患和其他问题。

“内在工作”使人回归到自己的本质，并能消解不必要的痛苦

除了对苦因的认识之外，我们还有一种知识能带领人回归到自己的本质，如果他愿意而且能接受指导的话。内在工作可以说是一种学派或方法，它能帮我们识出苦的事实以及造成不必要之苦的原因，并且能帮助一个人回归到自己的本质，消解那些不必要的痛苦。

但内在工作最主要的目的并不是要消解痛苦。回归到自己的本质乃是一股与生俱来的动力，即使没有痛苦，它也仍然存在。我们越能意识到自己，就越能感受到这股与生俱来的、想要知道自己是谁的渴望。我们渴望拥有那份能完成我们所有潜力的自由，也渴望活出生命应有的品质。如果无法以这样的方式生活，我们就会痛苦。所以内在工作并不是要消解这份痛苦，因为痛苦只不过是我们对“真我”的渴望罢了。它其实是想回归到自己真正本质的一种征兆。历史上有许多宗派和方法一直试图帮助人回归到自己的本质，这股动力激发了世上各种的宗教和灵性运动。以我们的角度来看，内在工作是非常古老的，打从有人类以来，它就一直存在着。

但钻石途径具体而言到底是什么？为了更了解钻石途径，我们必须先认清它的困难是什么。真正在做内在工作或建立内在工作学派的人都知道，探索内心是极为困难的一件事，只有少数人会真的愿意踏上回归本体之道。其中真正有进展的人很少，能完成的人更是寥寥无几。因此人们一向认为内在工作的本质是艰难而危险的。事实上内在工作并没有那么困难，这跟以往的假设刚好相反。从古至今它会显得那么困难，主要是因为我们不具足某种特定的语言、特定的知识——我们称之为心理上的知识。

譬如，人们一向认为，一个人必须具备高度的意志力和决心才能进行内在工作，执行这项任务确实需要这些条件。在过去，学生如果

缺乏意志力，经常会被谴责。老师会说学生不够投入，意志力不够坚强，而这也的确是事实。在内在工作里，这一向都是个问题，所以老师才会不断地督促学生，试尽各种方法来帮助他们突破——引导他们，激励他们——老师无所不用其极地激励学生坚定意志，继续修持下去。

然而现在我们终于了解，一个人无法运用意志力，是因为他的意志力被压抑或障蔽住了。我们终于知道意志力会因特定理由而被压抑或障蔽住。我们这个团体所进行的探索已经让我们看见，造成这份压抑的原因之一就是“被阉割的恐惧”。这份无意识里的恐惧早已为人所熟知，精神分析的文献里都有记载，但是它跟意志力之间的关系仍然没有被普遍地认清。当一个人试着去运用意志力时，他会经验到一股强大的恐惧，被阉割的恐惧。他恐惧的可能是性器官被阉割，或是自我、能量、意志力被阉割。人们并不知道有这份恐惧的存在，只知道意志力不见了，无法果决地行动，无法做困难的事。

如果一个人老是觉得恐怖的事即将发生在他身上，他如何能找到自己的意志力？这份恐惧可能会让他觉得“不好的事即将发生在我身上”、“我会死”、“我会发生意外”。不论老师多么具有说服力，此人就是无法贴近这些恐惧。他并不是不愿意运用意志力，他根本不知道该怎么办。由于压抑，他的意志力已经不见了。基于某种无意识里的恐惧，意志力已经被切掉了。因为这些恐惧是无意识里的，所以显意识无法掌控它们。如果你对抗这些恐惧，它们会变得更强烈。有时老师可能会告诉学生“把自己交出来”。学生也知道把自己交出来是最好的事,可是却不知道该怎么办。一想到要把自己交出来,便心生恐惧。把自己交出来是什么意思？对无意识而言，那意味着放弃自己的某个部分、粉身碎骨或是一些恐怖的事。

此外，人们一向认为很少有人能进行内在工作，因为大部分人都无法完全献身其中。人们不愿意专注于这条道路，是因为害怕失去个人的自由。这时老师就会谴责学生不够专心，他可能会说，“你应该全神贯注于修行”，或是“你不知道什么是对你真正有益的事”。

这也许都是事实，但并不能解决任何问题。我们现在已经发现，无法专心的议题跟某个深层的心理问题有关。我们发现要一个人专注于内在工作，首先必须解除无意识里对分离的恐惧。我们的内心都有一股深沉的恐惧，非常害怕失去自己的身份，失去自己的独立性和个人性。虽然做内在工作并不会真的失去这些东西（刚好相反），但这些恐惧的确有存在的理由。它们通常源自于幼年时代无意识里的一些信念。我们的无意识认为如果把自己交出来，可能就会失去自己。从某方面来看确实是如此，因为当我们进行内在工作时，我们会跟早先所认同的虚假人格分离。为了继续致力于内在工作，我们必须先解除怕失去身份的恐惧，然后才能看见和发展出我们真正的身份。

交出自己

对大部分人而言，为了发现自己而致力于内在工作是没什么道理的事，因为他们的无意识对交出自己都有一些想法，“所谓的交出自己是什么意思？”“如果我把自己交出来，那我还剩下什么？”从我们的内在工作里可以看见这些焦虑有多么令人叹为观止。我们会发现这些焦虑有许多是意识不到的，起初我们并不知道它们是存在的。它们不知不觉地影响了我们，这一点我们可以在关系之中看得很清楚。即使我们认为自己已经找到了合适的伴侣，所有的问题应该从此了结了，我们仍然无法把自己交出来。我们的无意识会说：“等一等！如果这么做，会发生什么事？”当你想献身于内在工作时，同样的冲突也会从无意识里冒出来。由于被压抑的恐惧和抗拒无法被我们察觉，而且已经完全控制了我们的行为，甚至越是想对治它们，它们就变得越壮大，所以内在工作才会如此艰难。

因为错误人格阻碍了我们与本体的联结，所以内在工作一向要求人们改变由错误人格所造成的行为模式。为了帮助学生不再认同自己的人格，各个修行门派都会教导人们去除私心，展现出慈悲和慷慨的品质。然而我们已经发现，要学生不再自私，是对治人格不怎么有效的一种方式。举例而言，我们有某种深层的恐惧和匮乏，它们会促使我们变得贪婪；我们不可能因为某人告诉我们不要贪心，就永远不再贪心了。我们的无意识也许深信自己必须打拼，才能获得足够的资源维生，但真实的情况并非如此。不论我们是有意识地认定或否定，只要无意识里的信念还存在，我们就会有贪婪的感觉。

阻碍我们经验本体的那些无意识里的恐惧和紧张，也会障蔽住我们身上的精微能量的流动。对我们的精微感官而言，这些障碍就像是一些黑暗的东西，它们会阻碍能量的流动。数千年来人类发展了许多技法，试图避开这些障碍、这些污点，让能量再度流动起来。有些人利用瑜伽体位法或某些锻炼方法来避开心理上的障碍。有的人则运用高度的意志力或奉献精神，企图突破这些污点：譬如每天静坐十小时，长达十年的时间。这些方法都非常有力量，而且确实有效，不过通常只对那些障碍不大的幸运之人才能生效。

进行过内在工作的人都很清楚，这些障碍和无意识里的制约有关，而错误人格就是从这些制约之中产生的。错误人格的特质，它的行为模式，它是如何脱离本体的，这些早已为人所熟知。某些法门一直致力于发展出对治黑暗特质的“解毒剂”，它们可能是各种形式的冥想方法、观想方法或瑜伽体位法等等。老师们利用这些方法不断地督促学生突破障碍，但成功的几率往往有限。

因为这条路充满着困难，只有那些已经急切到愿意把命交出来的人，才能深入于内在工作。老师心里很清楚，除非学生愿意这么去做，否则这条路永远无法走完。由于内心的恐惧和抗拒，这条路才会变得那么困难。我们这里有各式各样的检选步骤，一个人可能得经过多年的考验才能加入这里的工作，这确实是必要的（真正严格的门派仍然维持这样的做法)，因为要老师花时间在那些没有进展的学生身上，是非常浪费的事。

所以我们发现，极少有人能真的进行内在工作，真正领会本体是什么，并体认到做一名真人的圆满性是什么。就本质上的发展而言，大部分的人仍然是几岁大的孩子，世上很少有成人，只有极少数的人能蜕变为成人，不再继续当婴儿。

西方心理学的发展忽视了本体的重要性

二十世纪发展出来的心理学，使我们认清了人们是如何被童年的局限所掌控。诞生于西方的心理学及心理治疗，乃是对治情绪创痛的崭新途径。弗洛伊德时代以降，西方已经累积了许多有关无意识及人格的知识。心理学这门心智科学，替内在工作带来了许多过去所缺乏的认识。不过那些懂得心理学和心理治疗的人，通常并没有在做内在工作。他们是借由解除情绪上的冲突来减缓痛苦的。一般而言，心理学和心理治疗并不认识“本体”，因此脱离本体的那份疏离倾向并没有被认清。他们发现人们和自己的情绪及感觉早已失去联结，他们也发现人们已经被无意识里的信念、恐惧及防卫机制所掌控。但真正的“存在”，这个额外的次元，却没有被纳入心理学的理论里。

心理学的理论和治疗方法目前正在大量增殖，但似乎没有一种方法是完整的，而成效也不一。从内在工作的角度来看，如果他们不考量“存在”这个事实，以及我们对它的疏离，这些方法显然无法彻底解除痛苦。痛苦最基本的原因并不是情绪上的冲突。我们会有情绪上的冲突是因为我们不认识自己的本体，此种观点和心理学上的观点是截然不同的，后者认为情绪的冲突就是痛苦的肇因。童年时与环境互动所造成的问题，制造出了我们无意识里的冲突，进而导致了我们日常生活的困境。但心理学家并没有发现，就是这些冲突造成了我们和本体的疏离，而本体才是我们快乐、喜悦和满足的源头。

有些人在童年时只要一发怒，就会遭到母亲的排拒，或是一些退缩、惊恐的回应。母亲代表的是爱与融合（至少在婴儿期和童年是如此），所以这个人长大之后只要一感受到愤怒，就会害怕失去爱及融合感。在他过往的经验里，爱与愤怒是不能并存的，每当他表达愤怒时，他的母亲就会收回她的爱。从内在工作里，我们体认到力量、性是与愤怒密切攸关的，它们都是一种独立及侵略的能量。因此当某个人与另一个人经验到爱及融合感时，他会觉得自己的力量和性遭到了威胁。这是我们在日常生活里会经验到的一种虚构出的痛苦和困惑。你们之中有许多人在这里都亲眼见识过，若是尚未体验过焦虑、恐惧甚至惊慌失措，我们通常无法接近与爱、愤怒或性相连的本体状态。

但这又意味着什么呢？我们在童年时经验到的挫败、冲突和排拒，导致我们和本体的各种状态丧失了联结。我们渴望的就是这些本体的特质，因此我们成年生活之中的困惑和不满，必定是源自于这份失落感。这份失落感通常会被我们当成是空虚、无意义、了无生气和匮乏。

总括地来说，各门各派的内在工作之所以会成效低落，就是因为他们不认识那些阻碍我们经验本体的无意识里的障碍。心理治疗的功效会受限，则是因为它对本体状态一无所知，他们的解决方法都集中在自我和情绪的层面，因此无法带给我们终极层面的满足。

我们无法习得本体，只能忆起它

在过去的十年里，有些人根据个人经验及知识，开始整合这两条途径，而且有了某种程度的进展，但还称不上是内在工作的“钻石途径”。到目前为止，为内在制约和无意识结构的知识做整合的尝试，仍然是非常笼统的。这些整合途径对某些人也许有效，但仍旧造成了学生之间不必要的分裂，因为有些学生认同的是他们的人格，别的学生经验到的却是本体。到目前为止，心理学的认识也许能帮助学生从 A 点进展到 B 点，内在工作却可以引领他们从 B 点进展到 C 点。心理学的认识为的就是消除错误的人格，然后本体才能得到开发。

钻石途径和这些途径的不同就在于，它不但可以觉察和消除错误人格，还可以觉察和发展出本体的各种状态。为了说明这个途径为什么有效，我必须概略解说一下我们的“坑洞理论”。

从内在工作的历史文献里，我们发现所谓的“本体”就是内在工作的目标。在西方哲学里，柏拉图也曾经谈到“纯粹理念”或“柏拉图类型”。柏拉图是苏格拉底（真的做内在工作的人）的学生，他曾经提到苏格拉底和学生探讨所谓的“永恒真理”（我们称之为“本体的品质”，包括勇气、真诚、谦虚、爱等等）。苏格拉底想要阐明人们如何才能学会这些事，他的解释是：我们无法从别人身上学到这些品质。没有人能教给你勇气或爱的品质。在最后的论述里他告诉我们，只有借由忆起这些品质，我们才会体认到它们。

每个人多少都还记得这些本体的形式。我们在我们的内在工作里曾经见识过，本体不变的特质之一就是：你曾经见过它，你处在那种状态过，现在你只是忆起早已被你遗忘的根本真相。因此我们虽然无法觉察到它，但是这份对本体的记忆仍然存在，而且忆起本体的过程，就是记住我们自己的过程，也就是回归到我们真正的本质。

若想了解我们的方法为何有效，就必须认清本体并不是一团东西，也不是某种状态、经验或存在的一种形式。本体具有许多形态和特质，譬如真诚、爱、慈悲，还有客观意识、价值感、意志、耐力及喜悦。这些都是本体的各种特质，它们就像是钻石的不同切面，反映出了不同的色彩。

虽然人们一向知道本体有许多面向，但大部分的门派还是偏重于某个面向或某些面向。有的门派强调的是爱，他们会运用一些技巧去发展爱。他们谈论爱，他们祈祷、诵唱、崇拜上师、敬神、臣服于爱。别的途径强调的则是服务和劳动，这些人运用的是腹部的能量中枢。还有的门派强调的是真理或真理的追寻，譬如葛吉夫注重的就是意志力，他要人们使出至高无上的力量。哪个方法会强调本体的哪个面向，往往取决于老师和创始者的亲身体悟及性格特质。某位老师曾经在自己的某部分下过很深的工夫，于是跟那个部分相关的本体特质就会变得非常强烈。他是通过那份特质而证入本体的，所以他的教学方法自然会环绕着那份特质而发展。

能照顾到本体所有特质的门派可说是少之又少，不同教诲之间的冲突便是如此形成的。穆罕默德和耶稣的说法大异其趣，而佛陀更是以自己的方式在宣讲。现代老师讲的又是不同的观点，有的说要臣服于神，有的说要寻找“蓝珍珠”[1]，还有的说要运用意志力刻意锻炼，有的却认为答案就在空无之中。这些人都不清楚本体具有许多特质，所以每个人都认为别人是错的。如果你以为单凭意志就能证入本体，你自然会认为爱是无效的，因为爱可能暗示着懦弱或多愁善感。这就是为什么某个时期的某些修道团体会以牺牲爱来成全意志，因为这两种品质无法相容。

我们现在知道本体是借由记忆而回想起的一种东西。你们其实早已直接体验过它，那么我们为什么会忘掉它？我们何时忘掉了这份我们正努力忆起的品质？

因为受创，本体逐渐被隔绝于外

本体是每个人与生俱来的。你的肉体会随着一种模式而成长，你

1　一种高层的神秘体验，印度《薄伽梵歌》第十一章所描述的至高无上的“存在”。它是我们最深实相的一种存在形式。它小如一粒芝麻，却可以无所不包。它位于我们第三眼的部位，但是进入深层禅定时，则会显现于外，形成拟人化的神。

的本体也是一样的。新生儿所处的状态被我们称为“本体中的本质”，那是一种无分别的合一状态。三个月大的时候，婴儿所处的是一种融合状态，这对于母子关系的发展是必要的。在融合状态之后，力量会跟着发展出来，接着是价值感、喜悦和个人性的本体等等。但因为环境的干预以及人与环境的冲突，所以发展变得不完全。每经历一次痛苦和创伤，本体的某种品质就会减低。哪种品质会遭受到影响，往往取决于受创的时间点和受创的本质是什么。有时受创的是我们的力量，有时是我们的爱，有时是我们的价值感、慈悲、喜悦或直觉力。因为受创，它们才逐渐被隔绝于外。

如果本体的某种品质被阻绝于一个人的经验之外，剩下的便可能是一种空虚、匮乏或空洞感，也就是我们前面所提到的坑洞理论。你在这里已经见识过，当本体的某种品质被隔绝于外时，你真的会在身体上经验到一个坑洞，它会制造出匮乏和不对劲的感觉。当我们感到匮乏时，我们会企图填满那个洞。因为那部分的本体已经被隔绝于外，所以我们无法以本体来补那个洞，于是我们就以相似但错误的品质从外在来填满它。

假设我们对母亲的爱被拒绝或是没有被重视，我们心中的那份爱就受到了伤害。为了避免经验到伤害，我们会钝化身体某部分的感觉，如此一来我们就跟爱的甜美品质隔绝了。应该是爱的那个部分，如今却变成了一种空洞感。我们不记得那份爱本来是自己的，其结果是我们以为自己失去的是外在的某个东西，于是便一味地想从外面找到它。我们总想得到某个人的爱，然后用他的爱来填满那个洞。

那个洞会让我们忆起当时受创的情境以及当时失去的东西。这一切都还在那里，只是被压抑了下来。因为我们想不起当时发生了什么或失去了什么，所以只能感受到空虚及错误的品质，或是我们企图用来补洞的一些概念。随着时间的演进，这些洞会日积月累地被各种情绪及信念塞满，而这些东西又会变成我们的身份，我们的人格，我们以为自己就是这些东西了。某些人的本体还存留在身体的某些部位，但是对童年问题很严重的人而言，几乎每件事都被压抑了下来，结果便造成了本位主义、阴沉的性格以及了无生趣的感觉。

所有的困难都来自内心，所有的满足也源自内心

对这些心理过程的了解，促成了“钻石途径”。现在我们能够非常清晰而精准地引领人们回归到他们的本质。首先人们必须学会去感受自己，觉察自己，然后才能得到有关自己的必要讯息。大部分人终其一生都缺乏自我觉察，因为他们一直在逃避那份空洞、虚假和不对劲的感觉。避免觉察是无法做内在工作的。

某些事确实能加强你的内在工作，不论你现在具备了多少意志力，多少对自己的爱以及对自己的了解，它们都能帮助你进行内在工作。你对于回归到自己的本体一定怀有某种程度的开放性（不论是否意识得到），此外你也一定具备某种程度的理解，你知道困难都来自于内在。如果你完全相信你的问题可以借由赚更多的钱、变得更漂亮、拥有自己的孩子、买更好的车而得到解决，那么你是无法进行内在工作的。做内在工作一开始就要认清，所有的困难都来自于内心，而我们所追求的满足也来自于内心。

接下来我们会运用不同形式的古老方法，譬如冥想，来加强本体的各个部分。我们也会采用不同的心理治疗方法，来了解障蔽住本体各个面向的议题是什么。你可以观察一下自己的某些行为，看看它们和你人生中哪个阶段的特定议题有关。如果你继续进行这样的探索，你会察觉你的行为只是想填满某种匮乏或空洞的感觉。

借由内在工作我们会看到，本体的各种特质都跟过往的议题有关。我们会全盘了解本体状态是什么、失去这种状态所导致的坑洞是什么、为了补洞而被我们创造出的情绪和信念是什么、从错误人格中所产生

的冲突是什么，以及这些现象之间的相关性。对每一个人而言，这些关系和模式都是相同的。譬如我们团体里的某个人正在对自己进行探索，我可以很快地厘清他想对治的议题是什么，而这个议题跟本体的哪个状态相关，它所涉及的是什么样的匮乏感。

举例而言，意志力的丧失通常跟被阉割的恐惧有关。力量的丧失和压抑愤怒有关，也跟害怕与母亲分离有关。失去慈悲则永远源自于创痛被压抑。每一个人的坑洞通常会被相似的东西所填满，不过童年历史以及周遭的文化和社会环境，还是会造成些微的不同。譬如，慈悲可能被多愁善感以及人必须有爱心的信念所取代，直觉可能被固着的观念所取代，力量则会被逞强的表现所取代。

如果你能彻底认清跟某种状态相关的一连串议题，如果你能认清那个在企图补洞的错误人格，如果你能深入到那份空虚的底端，你就会碰触到被你阻隔于外的某种品质。在我们这里，这样的现象一再地被观察到。

回到原始坑洞，经验它，但不企图填满它

心理治疗师对治的也是这类的议题。但一般而言，他们只能探索到那份匮乏感。他们了解那份匮乏感是来自于什么样的原始议题，并且能解除掉它们。但是他们不明白那份空虚感其实是源自于本体。他们只看到童年历史所造成的空虚和冲突。我相信在心理治疗的过程中，个案有时也能碰触到本体的某些状态，但一般的治疗师不认识它，所以个案本身也就忽略了它的重要性，只知道被治疗的感觉很好，很放松，有一种回到家的感觉。不幸的是，他的本体状态并没有被认出来，这份体悟就这么被治疗师和个案所忽略而未能得到发展。

如果跟一个能帮你探索到底的人一同工作，他会协助你认清你丧

失的是什么，而且能帮助你认出本体的主要特质，这样你才能认识和发展出你的真实本性。我们所进行的内在工作，不只要回溯到童年，理解你的局限和冲突，同时要回溯到原始的坑洞，然后去经验它，但又不企图填满它。

在心理治疗的过程中，如果你的父亲在早年未能提供你情感上的满足，而你很想对治这份冲突，那么你就可能会感受到深层的创痛。你发现自己再也无法跟父亲联结，解决的办法就是和另一个男人（有时是心理治疗师本人）联结来填满这个洞。这个方法通常是无效的。你虽然想用另一个男人来补足你所失去的爱，但因为你渴望的是自己的意志和爱，所以你对这个替身父亲所提供的爱和支持仍感不足。若是用其他的人来填满这份匮乏感，结果也是一样。

我们的工作已经使我们认清，只要允许自己体验心中的坑洞和匮乏，就能体认到自己的爱和意志。不过这是相当恐怖而又艰难的事，有许多灵修方法都在促使学生安住在这些感觉中。如果真的能做到，这些情绪都会被消解掉。我们不但能消解这些情绪上的冲突，还能重拾那些失去的品质。只有爱才能消解爱所带来的烦恼，只有意志才能消解被阉割情结及无力感。其他任何东西都办不到。

现在你已经知道，你可以从任何一种情绪和困难下手，一直探索到最初始的匮乏为止。在过程中一直维持着观察，对每个议题都探索到底，最后你就会忆起你失去的是什么。如同苏格拉底曾经说过的：能忆起它，你就会拥有它。你失去的每一样东西，都可以借由这样的方式重新拾回。每一样东西。

我们所领会到的是，心理上的议题和本体是无法区隔的，它们相互交织在一起。这就是为什么你无法以解除错误人格为目标，然后再去领悟和发展出本体。若是无法重新拾回本体，并看透人格创造出来取代本体的东西，那么想要消融人格是不可能的事。

我们无须与坑洞对峙，只要照亮它们就够了

钻石途径确实有效，是因为我们很清楚本体的每个面向都跟心理上的某种冲突相关。我们会运用强有力的心理学技法，来帮助我们洞察和理解这些冲突以及抗拒模式。我们不需要对治这些抗拒模式、这些污点，我们只需要照亮它们就够了。一段时间过后，它们自然会消解掉，然后路就好走了。我们不需要绕道而行，我们可以穿越过去。绕道而行或正面冲突是比较困难而又浪费时间的方式。我们的方式比较着重理解，像晶钻一般清澈的理解力。

我们可以带着这份理解，去观察它跟心理学及其他的内在工作门派的关系。不同的内在工作门派着重的是本体的不同面向，不同的心理学途径注重的则是不同的坑洞和匮乏感。每一种心理学派都是由特定的人发展出来的，而这个人一定是观察到或解决了某些主要的匮乏问题。以弗洛伊德为例，他首先观察到的是无意识的存在。他发现无意识里被压抑下来的东西，大部分是由“力比多”（libido）和攻击性所组合成的。攻击性就是我们所谓的“本体力量”，而力比多则是由本体的两个面向组合成的，分别是力量及融合之爱。弗洛伊德企图解决的就是因这些品质的丧失而导致的匮乏。他发现被阉割的焦虑会导致意志的丧失。弗洛伊德派在对治这类的匮乏上是非常有效的，它可以一直通达到与本体相关的一些特质。

莱克（Reich）基本上研究的是享乐的品质以及丧失享乐之后的匮乏，尤其是性上面的享受。莱克学派的技法主要想告诉人们，他们是如何与自己的身体失去了联结，同时他还试图让他们明白无法忍受享乐的原因是什么。莱克的研究针对的是享乐的能力以及如何清除享乐的障碍。

弗里茨·波尔斯（Fritz Perls）强调的又是什么呢？没有过去，没

有任何解释，只学习安住于当下。因为他曾经到日本和某位禅师习禅过一段时间，所以才会发展出这样的对治方法。他为什么会对“禅”感兴趣？因为禅要呈现出的就是本体的完整性——完全安住于当下，也就是要认清事物的本质。禅者称之为“佛性”，我们则称之为“光明本体”。禅者并不考虑任何特定的品质，他们要直探本源。波尔斯虽然不知道他要寻找的是什么，但是在直觉上他是清楚的。他一定有过对光明本体的认识，所以才会被禅吸引。他逐渐发展出了完型治疗，这和禅的目标是相同的。可是禅太困难，也太不容易有进展。一万个学生里面，可能只有一个学生能借由禅的途径而证悟，而且一天可能要面壁打坐十个小时，经过多年之后才会有突破。这种方式之中没有任何趣味，完全没有。如果你能忍受长达二十年的坐禅，并且允许所有的抗拒力从你身上穿过，你才可能见到墙壁的本质。波尔斯最有力的特质就在这一点上。他发展出了他的无间断觉察以及各种的完型治疗方法。这些方法已经被证明确实能有效地帮助人洞悉自己错误人格的运作。

新弗洛伊德派或自我心理学家主要想解决的是低自尊和价值感的匮乏。这里指的是由客体关系所造成的各种爱的匮乏，以及因个人性本体——真正的个体性——丧失之后的匮乏。这些人非常精准地看见坑洞是如何发展出来的，虽然他们并不知道本体的特质是什么。他们是针对自我层面而进行研究的，不过他们的认识还是非常有用。我们这里一直在运用这些知识帮助人们体会个人性本体、自己的价值，并学习如何跟另一个人共同体验真正的爱。

唯有发展出本体所有的品质，我们才是完整的人

在钻石途径里，我们会运用各种不同的心理技法，去发现到底是哪一种情绪上的冲突造成了本体某种品质的丧失。然后我们会立刻探

索空虚的本身，这么做会令我们忆起某个失落的面向。这个方式从未失效过。举例而言，在我们的工作中会一再看到，如果想解决对母亲依赖的问题，想彻底探索需求、渴望及创痛的起因，你最后一定会碰触到我们所谓的本体的融合性。那是一种美好的融为一体的爱，你会因为它而消融掉你的疆界感，进而与万物合为一体。

现在你应该清楚了，虽然我们达成了心理治疗的任务，我们真正的兴趣并不是心理治疗，我们感兴趣的是内在工作。如果不能在本体上下工夫，我们是无法解决痛苦，也没有机会可以证入我们真实本性的。

只是一味地想解决心理问题及病征是不必要的事，同时也没有必要为了发现本体而到寺庙里独修。其实我们就是要在世间生活里进行内在工作，我们只有在关系之中，在工作里，或是当我们的车子及金钱出问题时，才有材料去进行内在工作。结合心理学上的技法及内在工作的方法，可以让我们更容易、更有效地达成内在工作的目标。

我们必须认清，追寻真理和发展出理解力，是生命中最重要的事。因为这些事会引导我们证悟本体，并且能发展出本体的所有面向。只是发展出本体的某个面向是无效的。譬如我们不能只发展出爱，如果你只有爱而没有意志，你的爱也不会是真的。如果你只有意志而没有爱，你会变得强有力，可是却完全不认识什么才是真正的人性、喜悦或爱。如果你只有爱和意志，却没有客观意识，那么你的爱和意志很可能会朝着错误的方向发展，你的行动不可能是明确或妥当的。只有发展出本体所有的品质，我们才能变成真实而完整的人。

我们在这里所进行的工作，需要的是专注、奉献和诚恳的精神。我们不要求你必须拥有这些品质，因为我们了解每一个人都有些障碍需要克服。同样地，我也不要求你必须绝对服从或绝对信赖。我只要求你试着去理解你自己，通过自己的经验，你自然会发现我们的途径是否值得信赖，并且会逐渐看到自己的障碍在哪里。我们这里不需要盲目的信任或盲目的爱，或是任何一种盲目的东西。钻石途径只是要你“看见”，它是一种理解的途径。

一开始，学生只需要怀着诚意，试着去了解圆满和圆满的状态都存乎内心。对老师而言也是如此。此外，老师必须有能力示现出本体的各种特质，也要有能力看见学生身上的这些特质。我必须觉察到你的本体，并且认出我所看到的是什么。我必须在内心里品尝过它的滋味，才能认出它来。

历史上的内在工作一向都需要这样的条件，不过我们又加入了本世纪的新知，心理学上的惊人发现。我认为我们很能善用这些知识，也很忠于它们的原意。我对那些发展出这些知识的人都心存感激。现在你们有没有任何问题要问?

学生：我想问一个有关抗拒力的问题。钻石途径能穿透抗拒力，它跟正面干预有何不同？那是不是一种看穿的方式？

阿玛斯：是的。“穿透”意味着看见或理解。这是一种钻石般的觉察力，它能精准而清晰地洞悉事物的真相。这份如晶钻般清晰而专注的觉察力，确实能帮你看见自己生命中的议题是什么。借由认清和理解它们，你会看见什么是真的，什么是假的，然后这些议题就会自动消解掉。

学生：所以并不是要刻意去对治那份抗拒力？

阿玛斯：没错。理解有一部分针对的就是对理解的抗拒。内在工作有一部分就是要学习不认同。既不认同你的抗拒力，也不认同你情绪上的冲突，而是去认清它们只是根本谬误的征候罢了。人们时常会认为自己的匮乏或坑洞是不对的。因为自认为有某个东西不对劲，可是又对它束手无策,所以才一直想把那个洞补满。否则又能怎么办呢?我们却认为坑洞、匮乏或需求并不是问题，问题出在本体的某个面向不见了。

我们可以采用弗洛伊德和他的追随者辛苦发展出来的认识，并将其用在我们的内在工作里。我们也会继续采用古老的方法，譬如冥想和留意觉察自己。我们还有非常有效的“钻石知识”，可以帮助我们去除障碍。既不绕道，也不绕圈子，而是直接又彻底地理解自己。

你必须看透你所有的冲突、恐惧、负疚感、愤怒及爱。长时间下来，你会越来越能察觉本体的品质。如果能彻底而完整地进行这份工作，假以时日，你一定会臻于圆满。你不再有任何坑洞，只有圆满一致的本体。钻石途径可以找到痛苦的线头，牵引我们回归到本体。

第四章 信仰与承诺

从根本的层面来看，信仰这个东西是不存在的，存在的只有真正的体悟。承诺也是同一回事：在本体之中没有承诺这个东西，只有存在本身。

学生：你可以谈谈信仰是什么吗?

阿玛斯："信仰"（faith）是我很少采用的一个词，我认为理解信仰的最佳途径，就是拿它和相信（belief）对比一下。从某方面来看，信仰和相信企图做到的是相同的事。这就是为什么有许多人会认为信仰即是相信。譬如人们上教堂的话，别人就会说他们有信仰。大部分人会认为这意味着他们必须相信上帝、基督和教会里的教条。所以一开始，信仰可能会被视为相信某个东西。"我相信上主是存在的，所以我对上主有信仰。我也相信基督的死是为了拯救人类和减轻我们的痛苦。我相信这些事是因为我所信赖的某个人这么告诉我的。"因此，信仰最粗糙的形式就是相信或相信所造成的结果——因为你相信了某个东西而产生了某种感觉。

但这并非真正的信仰。真正的信仰不是从相信而是从确知产生的。如果你因为直接的觉察而真的知道了某些事，你自然会拥有信心。因此,真正的信仰意味着你对你相信的事有了一份直接的认识。一旦"觉知"到上主，你自然会产生信仰。这样的信仰是无法动摇的，因为你已经看见它，感受到它的存在。你也许不能立即在当下见到它，但至少你瞥见过它一次。所以，真正的信仰就是相信你所经验过或直接觉察到的某个东西，如此一来你就会有一种充满信心的感觉。

起先我们拥有的是一份信任，接着从信任之中产生了信仰，然后从确知之中又产生了信心，最后只剩下了确知。如果你一直都是确知的，你就不需要信仰了。我不需要对我的本体抱持信仰，因为它一直都在那里。大部分的人都误以为信仰便是相信某个东西，或是从相信某个东西之中所产生的一份感觉，这意味着他们仍然不知道真相是什么。他们可能会说，“我不知道。我只是相信这是真的。”然而当一个人真的知道了，他的信仰就不再被动摇。如果你的心一直都是了知的，信仰就不存在了。因此，一开始的时候信仰是不存在的，然后信仰出现了，最后信仰又消失了。信仰只是一种过渡状态，它是介于相信和确知之间的。

许多宗教都认为信仰是非常重要的，因为教会的主事者并没有精确而直接的体悟。他们强调的是相信和遵奉教会的教条，然而大部分宗教的核心精神和开端都具备真知和直接的体悟。譬如在原始佛教里，你几乎听不到有关信仰的事，他们偶尔会提到它，但并不强调它。他们仰赖的是当下直接的体悟。至少在原始佛典里是这么强调的。

学生：那么信仰可不可以被视为对真知的一份信赖？

阿玛斯：这确实可以被视为信仰的另一种意义。如果你已经确实知道，而且对它深具信心，这意味着你信任它。但这还不是彻底的体悟。如果真的证悟到本体是什么，你就不需要再信任它了。信任缺少的就是彻底而直接的真实体悟。如果我信任某事会成真，这意味着我并不确知它会成真。这并不是一种直接的体悟。

学生：我觉得即使真的有了体悟，信任和信仰仍然会存在。

阿玛斯：它们自然会有所增长。你对本体的信任及信仰一定会增长，但一段时间过后，信任或信仰就不再是个问题了。你的体悟会变成如常识般的事实。这时你就不需要信任什么了。你知道你把火点着了，自然会感到温暖。那时你还会说你相信它将带给你温暖吗？你还有必要相信火能带来温暖吗？

学生：可能不需要了，不过我还是会相信。

阿玛斯：没错，但通常你不会说你相信火会带来温暖，因为你已经知道火是温暖的。你的心里没有任何疑惑了。这就是为什么信仰的反面就是怀疑。如果我有信仰，这意味着我还是有怀疑。假如我说火是热的，我指的并不是我相信它是热的——这不是我的体悟的根本特质。那份根本特质就是我确知它是热的。

信仰多半发生在情感层面，它跟体悟没有多大的关系，却跟信任和奉献攸关。宗教信徒大部分都得倚靠信仰，但信仰并不比相信好到哪里去。相信只是一种头脑里的信仰，而信仰则是一种情感上的相信。

如果你具备的是真正的体悟而非头脑层次的相信，那么你的心会出现什么状态呢？你会出现所谓的“真知”。从你直接体认到的知识中会产生真知的心态。你的心知觉到了本体。本体就在那里，你的心尝到了它的滋味。在冥想里，我们称其为心的作用，它是有舌头的。每一个人的心都能尝到本体的滋味。

我并不是说信仰是无用的。它还是很有用。你所相信的东西越是贴近真正的实相，它们就越有用。虽然你目前并不能体悟真正的实相，但是你对它的信任终究还是会引领你到它的面前。信仰是可以被善用的。

承诺的本质是奉献

学生：承诺又是什么呢？

阿玛斯：从最低的层次来看，承诺（commitment）就像大部分人所认为的——一种奉献的态度。如果我对某件事许了承诺，这意味着我会献身于这件事：我决定汇集我的意志和我所有的力量去做这件事，并且会继续做下去。这便是一般人所认为的承诺。有没有人对承诺抱持着不同的观点？

学生：如果我很喜欢我正在做的事，我会觉得我对它是有承诺的。

阿玛斯：是的。对你而言，承诺意味着你喜欢做某件事。如果你在里面找到了乐趣，你就会愿意对它许下承诺。

承诺也跟相信和信仰有关。假设你相信某个东西，你对它有信仰，你自然会对它许下承诺。你对它的信仰越是坚定，就越能把自己奉献给它。如果你对圣母玛利亚有信仰，自然会愿意时常上教堂。你会早晚进行祈祷，努力地记住祈祷的时间。

一开始，承诺必须倚赖信任和信仰。信仰可以奠基于直观之上，承诺也一样。因此承诺有等级之分，其坚定度也有强弱之分：它们分别是信任、信仰和确知。你如果不相信某个东西，就不会下承诺。如果你对某个东西有强烈的信仰，你自然会投注许多心力。假设你已经确知某个东西，你的承诺会更深。一旦对某个东西有了彻底的真知，你自然会有彻底的承诺。但彻底的承诺又意味着什么呢?

学生：如果我真的献身于某件事，它似乎会变成我的一部分。

阿玛斯：没错。在这种情况之下，你和你想要的东西之间已经没有任何距离了。你越是献身于某件事，你就越贴近它，越没有距离了。一旦有了彻底的承诺和彻底的真知，你和你所要的东西就会完全合一。这时你已经变成了它，你就是它了。如此一来，承诺便化成了你所承诺的对象。

学生：这时就不再需要意志了?

阿玛斯：没错。意志是为了达到彻底承诺的状态而运用的。一开始你必须下很深的承诺。一旦相信了或因某种直觉而产生了信仰，你就会许下承诺，不过你还是需要意志和毅力帮你持续下去。知道了更多之后，仍然需要运用意志，因为障碍还是存在。障碍会存在，就是因为知道得不够彻底。一旦确知，障碍就不见了，那时你就不再需要用意志力了。你的本体不需要你用上意志力才能存在，它一直都在那里。

承诺的本质就是奉献，也就是跟你想做的事更贴近。你运用意志力将自己推向你想要的目标。我们现在要说明的是，从根本的层面来看，信仰这个东西是不存在的，存在的只有确知。承诺也是同一回事：在本体之中没有承诺这个东西，只有存在本身。如果你就是你的本体，你当然不需要对自己承诺什么，因为你就是你自己。

学生：可不可以将你所说的这些观点跟你所说的“坑洞理论”连在一起？信仰似乎意味着必须真的深入到坑洞里。我只要稍微探测一下自己的坑洞，就会变得很恐惧。我似乎缺乏再深入下去的信心。

阿玛斯：没错。当时你没有信心，是因为你不知道里头藏了些什么。你只能一边探索到某个程度，一边告诉自己会没事的。当那个洞变得很恐怖时，你的信仰就开始动摇了，因为你的信仰并不是来自于直观。虽然如此，有时你还是能穿透恐惧，这便是所谓的信仰的跃升。你向上一跃而发现了里面的东西。洞里面也许有蛇或是有你一直在寻找的东西。里面有什么你并不清楚。这便是信仰的跃升。

因此，信仰可以帮你进展到某种程度，但不能帮你深入到底。到了某个点，你必须从信仰跳跃到确知。你必须从头脑跃入本体。属于人格的头脑只能进展到某种程度，它不能直探本源。本体和头脑的活动处于两种不同的界面。你也许能达到头脑的极限和情感的极限，但那极限仍然不是本体，你必须向上一跃。

当你到达信仰的极限时，你会看见一个漆黑而巨大的深渊，你可能会说“我不要跳进去”，但这时如果有一位你能信赖的人，可能会帮上很大的忙。那人可能会对你说，“没错，我知道洞里面有什么。我曾经进去过。我会握着你的手。”而你可能会回答，“好吧！虽然我已经被吓得半死了。既然你说你曾经进去过那个洞，而且是全身而退，看上去人也挺好的,那么我就试试吧。”通常只有当你毫无选择的时候，才会靠自己向上一跃。否则又能怎么办呢？你无法再回头了。你确实不知道会发生什么事，但是你对那些老旧的模式已经厌倦了，所以必须尝试一下新的东西。那个新的东西就是跳进深渊里。老师或引领者最主要的作用就是帮你向上一跃。当你正要经验某个坑洞时，你的引领者可能已经知道深渊底端存在着本体的某种妙境。事实上，他经常能示现出深渊底端的某种品质，他会为你带来更多的信心。

学生：你的意思是，一个人有时会向上一跃，一种量子式的跃进，是因为他已经一无所有，其他的方法都无效了。我发现我们会到达那个点，并不是因为我们进展到那里了，而是别人根本不支持你的防卫机制。如果一个老师不但不支持你的防卫机制，还能帮你突破局限，做必要的跳跃，那么他是不是在展现慈悲？

阿玛斯：是的。如果你和某个引领你的人一起走这条路，而你已经来到深渊的边缘，接下来就是跳或不跳的问题了。假如你的引领者是慈悲的，你很可能会跳进去。但如果慈悲不存在，事情就会变得很困难。因此，一个有慈悲心的老师，一定会帮你向上一跃。你知道老师绝不想伤害你，他总想给你最好的东西，他不会作弄你。如果你怀疑你的老师，就很难向上一跃。

学生：我想问一个有关承诺的问题。你说过信仰和相信是属于情感及心智的层次。那么承诺是否源自于腹部的直觉中枢？

阿玛斯：这是个很好的观点。显然终极形式的承诺就是"存在"，而存在确实跟腹部的能量有关。同时我们也知道，承诺跟意志有关。所以，承诺基本上就是将你的腹部贴近某个东西，它也跟行动有关。

自保本能与安全感

学生：昨天我们谈到了自保本能，以及为什么这份本能是一种纯粹的能量。感觉上它就像是承诺——一种纯粹的能量，一种生存本能。

阿玛斯：确实如此。人一向都拥有非常强而有力的承诺倾向。但问题出在他们承诺的对象是什么。我们要如何运用这股自保本能，往往取决于这股能量是自由的，还是扭曲的。如果它是扭曲的，它就会献身于某个非关紧要的东西。如果你的性本能被扭曲，你很可能会献身于男朋友的阴茎。如果你的自保本能被扭曲，你就可能献身于金钱。许多人都是献身于赚钱的。你时常会听到某人一开始身无分文，最后却成了百万富翁，这是需要不得了的承诺的。在这类情况之中，自保本能显然是存在的，但目标却没有被放在这份本能的真实面向。

学生：我对你所说的自保本能和献身于赚钱还不十分了解。

阿玛斯：每个人都有一份自保本能，我们最强的本能就是让这副有机体存活下去。然而生存基本上是很简单的事：它需要的只是一间庇护所、足够的食物以及好好照顾你自己。但一个人的求生本能如果因童年经验而扭曲了，他就可能会恐惧无法为自己提供生存所需。他因为童年发生的某些事而障蔽住了身体的能量，所以感觉很不安全。或许他的父母早逝，或许在他的情感及生理条件还不具足时，大人便要求他照顾自己。

如果一个人基本上对生存缺乏安全感，他势必需要一大堆的东西来补洞，才会感到安全。一个并不缺乏安全感的人，也许一个月赚一千美元就觉得很好了，但如果一个人有很深的不安全感，那么仅能满足他基本需求的一份收入，一定无法令他感到安全，他会想赚更多的钱。今年一个月赚一千美元还算差强人意，明年他会希望每个月赚两千美元——即使他花不到这么多钱，这份不安全感还是不会消失。

安全感跟你拥有多少东西是无关的，它和你无意识里的基本感觉有关，企图从外面获得安全保障是不可能让它消失的。安全感的议题经常环绕着金钱、权力或朋友之类的事。自保本能一旦受到阻碍而形成能量的不流畅，就会产生一种不安全感。人们往往非常认同他们的不安全感，而且会竭尽所能地填补坑洞，无法单纯地感觉它。他们无法感受到身上的那份阻碍。这么一来，那份感觉自然无法被彰显出来。

这又会揭露出被称为“安全感”的某种对金钱的执著。人们可能会把这类的安全感当真，而用金钱来填满不安全的坑洞。某些人可能已经拥有数百万美元的存款，却仍然需要更多的钱。或者他已经拥有数十位好友，但仍然需要更多的朋友。虽然他权力已经很大了，可是还需要更多的权力。这里面会发生一件很有趣的事。如果这个人心中有个洞是不安全感，那么他得到的保障越多，就越容易感到匮乏。如此一来，他想得到保障的冲动就越强。他不太可能说，“现在我已经拥有足够的钱了。”因错误欲望而得来的满足，似乎让坑洞里的不满足感完全暴露了出来。这可以说明为什么拥有的钱越多，越没有安全感。

心智的内容只是一堆的资讯，真正的体悟则是一种品尝到的滋味

学生：我想问一下有关真知的问题。假设我拥有了绝对的真知，我应该可以从错误人格和超我之中彻底解脱出来。有时我们经验到了片刻的绝对真知，但随后又产生了怀疑。你见到了你的本体，却说那只是自己的想象或不重要的经验。因为你没有全然的真知来巩固自己不完整的体认。在这种时刻，要如何区别真知和想象？

阿玛斯：这应该是很简单的事。每当你发现某些东西时，不妨问问自己：“这是真实的吗？”一旦看进去，真相就出现了，因为你确知自己已经知道真相是什么，所以你可以办得到。很简单，对不对？但是在一个人还没有确知真相之前，是必须下各种工夫的。你在这里所做的每一件事，都是要帮助你变得越来越清楚，直到你能确定你所经验的是什么为止。要做到这一点，你必须穿越所有的谎言。

当我说“绝对真知”时，我指的并不是你永远都能感觉到自己所确知的东西。如果你真的经验到本体，而你即是你的本体时，你就成为真正的自己了。那时你对你的存在状态自然会有绝对真知。真知和存在是同一回事，这才是绝对真知。如果那一刻你还没经验到本体的所有面向，就不算是绝对真知。譬如当你经验到自己的价值时，你就会对自己的价值生起绝对的体认。那一刻的体认若是无法成为全知本体的一部分，你就尚未拥有绝对真知。一旦经验到全知的本体，便拥

有了绝对真知。

学生：我在某次的课程中，曾经验过那种全知的感觉。那一刻我很清楚我知道了，但事后我又开始怀疑当时所确知的是什么。

阿玛斯：这是非常重要的一份观察。它揭露了本体和心智明显的不同。最根本的真知就是本体现前。确实知道本体即是存在于本体。那是一份直接的觉知，也是本体的直接示现。如果本体不现前，你会想要忆起它。然而心智活动是无法通达本体的，它虽然想忆起本体，却做不到。我们正常的头脑记忆无法忆起本体的状态。心智怎么也办不到。

几天前你曾经验过本体的某个面向，你认为你记住了它，其实并不然，因为你无法记住那最重要的元素。本体如果没有示现出来，你不会有真知。当时出现的其实是心智活动，而心智的经验通常都会被疑虑所钝化。它是很擅长于怀疑的。你知道吗？心智无法确知本体，它办不到，因为本体超越心智，本体不在心智的次元里。心智只能拥有对本体的想象。

学生：那就像是活在世界之中的世界。里面有两种不同的层次，不同的觉知。其中一种是真知，另一种则是对真知的一份忆想。

阿玛斯：没错。心智的认知并非真知。真知就像萨蒙·达克（Sarmoun Darq，一位苏菲智者）所采集的蜂蜜一样真实。心智的内容只是一堆资讯罢了。这些资讯可能跟真知有关，不过那还不是真知。资讯包含了记忆、理论、言语的描述和意象，然而真知却是一种亲自品尝到的滋味。你知道自己品尝到了什么滋味，如果没有品尝到，你就不会知道。但这并不意味你曾经尝过的滋味，现在还知道。可是如果你能记住你所知道的，确实记住你所知道的，完全记住它，那么本体就不再是一份记忆了。它会在当下立即呈现。因此，记忆确实可以帮助我们回到真知，记忆可以帮我们贴近真知。然后我们还必须向上一跃，最根本的真知才会出现。

第五章 尊严与痛苦

我们痛苦是因为跟自己失去了联结，我们经常跟自己的痛苦也失去了联结。假如我们受苦是因为我们正朝着真理的方向迈进，那么这份痛苦就是尊严的。尊严指的是对真相的重视，即使真相之中包含了痛苦。

学生：学校里有一堂课探讨的是受苦与尊严之间的关系。其中似乎暗示着受苦是有尊严的事，我不知道你对这一点有什么看法。

阿玛斯：尊严（nobility）与受苦（suffering）之间的关系？让我们来研究一下。我们在这里看待每一件事的时候，都要从本体的角度去观察。最重要的就是要认清和珍惜我们真正的本质。因此当我们在探讨任何一个议题时——譬如尊严和受苦、自尊、谦卑、勇气——我们永远都得从本体的面向来考量。如果我们只从超我或人格的角度来看这些议题，事情会变得非常复杂。我们将永远找不到答案，因为从人格的面向是得不到什么解答的。但是从本体的面向来看，事情却显得既单纯又清晰。只有根本实相才能使我们了解我们在这里所做的事。

让我们从这个角度来探讨尊严和受苦之间的关系，看看会有什么样的解答。我认为只有依据本体而存在和行动，才会有尊严。但首先让我们来看看一般所谓的尊严是什么。这两个字的意涵是什么，尊严会令你联想到什么？

学生：国王。

阿玛斯：国王。还有什么？

学生：优雅。

阿玛斯：优雅。还有什么？

学生：它是与生俱来的。

阿玛斯：与生俱来的。没错。

学生：明确的判断力。贵族统驭整个国家和制定法律，所以应该有这份能力。

学生：勇气。

学生：他们应该拥有更好的教养。

阿玛斯：更好的教养？所以在我们的心目中，尊严似乎跟贵族以及贵族应有的行为相连。它通常跟国王、王后、公主、王子这些贵族相关。我认为这是审视它的一个很好的方式。有一则和本体相关的故事叫做“国王的儿子”，它出自于伊德里斯·夏（Idries Shah）所著的《托钵僧的传奇》（*Tales of the Dervishes*）。它要告诉我们的是，每个人生下来都是贵族。

从本体的观点来看，尊严意味着活出和展现出本体的真相。做一名依真理而活的人，一个真正有尊严的人，是不会被政治或社会压力所动摇的。从这个角度来看，活出尊严就是不被你的超我（内心不断批判自己的那个部分）或别人的超我所撼动。你只是根据真理而行事。

这样的生活方式之中确实可能存在着一种痛苦。我们等一下会讨论到这个议题。目前我们要认清的是，如果痛苦是对本体有益的，它是看见真理和依真理而行事的一部分，那么这份苦难就是珍贵的。但如果你的痛苦是来自于超我的需求和期待，或是任何一种对真相的抗拒，那么这份痛苦就不是高尚的，而是卑微的。让我们从本体的角度审视一下卑微的痛苦是什么。只要你失去了与本体的联结，或是一直从外面寻找非本体的东西，那么痛苦永远会生起。假设你珍惜某个东西——譬如你的汽车、健身运动、金钱、工作、父母、女朋友、孩子、妻子或丈夫等等——超过内在的某个真实的东西，你就会受苦。这种向外追求的活动不知不觉会伤害到你，伤害到你的心。这并不是说外在生活或人的欲望跟我们的内在工作是对立的。如同任何一样东西，它们也应该被尊重和理解，但如果它们的重要性超过了本体，我们的心中就会有痛苦、挫折和愤怒。

了解这一点是非常重要的，不过以这种方式来看待事物并非易事。当我们开始在自己身上下工夫时，我们并不是为了本体而去做这件事，我们其实是希望得到某些东西——变得更美，更有爱心，更属灵，让别人更喜欢我们。你也许会认为，如果你发展出你的本体，你就会得到更好的伴侣，拥有更多的钱。如果是从这个角度下内在工夫的话，那么请问那个造作者是谁？是谁在行动？那绝非你的本体，而是你的无意识，所以它不知不觉就会带来痛苦。这种心态的本身就是一种匮乏，而匮乏一向都是痛苦的心态。身体会因此而不由自主地紧缩、受伤。它会丧失它的喜悦和快乐。

我指的并不是除了本体之外什么都不该要，绝非如此。如果这是我想表达的意思，那我们很可能会跑到沙漠里变成僧侣或修女，身上穿着白袍子，脖子上带着长串的念珠。这可不是我的意思。我指的是，本体应该是我们生活中最主要的考量，别的事都在其次，而且都应该是有益于本体的。你必须在生活之中做一些能支持和加强你本体的事。不论什么事都可以，这才是最重要的原则，也是道德和正当行为的源头，更是活出庄严生活的准则。有时以这种方式生活的人看似很痛苦，因为他们不像大部分人一样在追求满足。事实上，如果有人真的依循这种方式生活，他获得的满足与喜悦是绝非人格所能经验到的。

能依循本体而活，才可能爱生命及生命中的事物

大部分人都会说他们想要活得美好，他们想要活得快乐，好好享受人生，但他们追求的却是那些只会增加痛苦的虚假满足。一个人如果真的想要快乐，就必须以正确的方式行事——也就是把本体的重要性置于一切事物之上。如果做得到这一点，自然会快乐。如果做不到，你是不会快乐的。就是这么简单。假设你仍然在说，“我的男朋友是

我人生中最重要的东西，我会尽可能不失去他，”那么你就会重视他甚于你的本体，如此一来你势必会痛苦。即使你跟他二十四小时都在床上，即使他爱死你了，你仍然会痛苦。如果这就是你最高的渴望，你一定会受苦，你甚至无法正确地享受他，你的心会因为脱离了自己而封闭，这么一来你自然会害怕失去他。道理就是这么简单：如果朝着那个方向走，你可能会入地狱；朝着本体的方向走，却会进天堂。大部分想要进天堂的人往往会选择通向地狱的路。他们到了那里才发现“天堂”的滋味并不好受。

我们之中有许多人并不相信把所有事置于本体之上会导致痛苦。我们不妨试着去改变这个事实或绕道而行，最后你会发现情况还是一样。这便是自然规律，如同雨是向下洒落一样根本的法则。我们或许会试图欺骗这个自然法则，说服自己我们是为了本体而活，但其实我们真正的动机并非如此。然而本体是不会被你蒙骗的。

我们不想看到这个事实的理由之一，是因为我们经常以为如果依本体的真相而活，我们可能会失去自己所执著的一切美好事物。我们已经习惯通过外在事物来看待生命，以为如果不依赖这个模式，就会失去一切。事实并非如此。如果你所有的行动和欲望,生活所有的面向，都能附属于本体的真理，你才会获得自己真正想得到的东西。你还是可能会出名、致富、性感，拥有家庭、事业这一类的事物。你会因为本体的圆满而真的享受到它们，你不会一味地想得到更多，同时又害怕失去所有。活在本体中与得到想要的东西之间并没有冲突。事实上，我们如果能真的依循本体而活，才可能爱我们的生命以及生命中的事物。但如果把外在事物看得比本体更重要，我们就会关闭那个能享受这些事物的部分。那个部分就是喜悦的核心，我们称之为“黄金之心”或“辉煌的太阳”。一旦朝着本体发展，这个喜悦的核心，就会变得灿烂无比。如果朝着别的方向发展，它会变得暗沉下来。道理就是这么简单。

实相的美，头脑根本无法理解

这并不意味我们的心如果没有朝向本体发展，就应该感到不安，这种态度反而会使心更加封闭。我们只需要认清我们是如何背离自己的。我们会看见使我们脱离真相的东西是什么，我们会发现无意识以为另一样东西才是真正有效的。然后我们就会了解另外那种信念的真相，并且认清自己为什么会相信它。一旦彻底看清楚，就不需要再做任何事了。我们不需要过度鞭策自己，只需要认清和了解自己为什么无法与真理调和一致。了解得越深，越是能融入真理，也越能感受到喜悦、快乐、爱和满足。只要跟真理达到和谐一致，自然会感到深刻的满足。大部分人并不了解这一点，他们以为必须获得这个或那个，才能得到爱、快乐和满足。人们总想拥有合宜的身材、合适的情人以及合意的房子。一旦发现自己也可以经验到本体，这些事就会变得无足轻重，什么也不是了。重视这些东西甚于本体乃是对人生的一种贬黜。如果能够跟真理调和一致，自然会得到美、尊严、圆满、愉悦、爱。越是能发现自己的本体，就越能认清以前想要的那些东西根本不重要。当你一步步地深入于本体时，你就进入了实相的宇宙面。其中的美、圆满及可能性是超越人所能想象的。头脑根本无法理解它。

如果证悟了个人性的本体，你就可以把这份圆满性带进你的生活里。然后生活里的每件事——你的工作、你的事业，以及你和情人、孩子的关系——都会被本体充满。你再也不会去寻找本体的替代物了，而会把重点放在从生活中证悟本体，这才是我们到这个世界来的原因。我们并不是来这里受苦的，我们来这里不是只为了工作或养育孩子，而是为了充分发展出自己的潜能，学习做个真人。很少有人知道做一个完整而成熟的人是什么滋味。

满足无意识里的欲望跟经验到本体的圆满是截然不同的。无意识总是认为内心的满足跟别人给我们什么、如何看待我们或感觉我们有关。无意识很少会专注于存在本身，它专注的往往是心里的欲望、期待、投射及回忆。

如果我们看进内心最深的层面，那里面到底有什么东西？不外乎是存在或存有本身。存在和存有本身并不是无意识或自我所关注的焦点，但是本体却知道里面是什么。本体知道什么是真实的。当你感到快乐时，那份快乐跟别人认为你是什么或你认为自己是什么都无关，它也跟你的好、坏、大、小、美、丑、聪明或愚笨都无关。如果你是快乐的就是快乐的，你是有价值的就是有价值的，事情就是这么简单。你的存在是无条件的。

我们的无意识在另一方面却认为，为了得到某种感觉，某些事必须发生："如果你爱我，我就会很快乐。如果你不爱我，我会很惨"。每件事都是有条件的。假如快乐是来自于本体，情况就不一样了。如果你爱我，我会有某一种快乐；如果你不爱我，我还有另一种快乐。一个人在屋子里读书，这是一种快乐。和某个女人上床，那是另一种快乐。入睡的时候既没有想到书，也没想到女人，这又是另一种快乐。工作的时候我仍然能感受到一种快乐。这一切都很美好。

本体的圆满会使你认清，过去你所珍惜的东西都无关紧要

活得有尊严，依循真理而生活，自然会让你达到这种境界。但是你必须放下心中所执著的东西——你拥有的一切东西，你相信的一切事物，你对自己和别人所抱持的一切概念以及所有的感觉。做不到这一点，你就会充满着概念、欲望和各种执著，而失去了自己。为了见到真相，你必须心甘情愿地放下这一切。当你进入更深的境界时，为

了见到真相，你甚至必须放下对身体的执著和享乐。你必须放下它们，本体才能充满你。

从这段探讨中我们会发现，为了活出本体，我们必须做到某种程度的牺牲，而这份将真理置于一切事物之上的牺牲，确实可能涉及到某种痛苦。这是尊严和痛苦之间的另一层关系，但真正发生的只是痛苦被揭露了出来。尊严涉及到对真相的承受力。在内在工作里，人们有时会经历到强烈的痛苦和伤痛。因为人格的谎言被揭穿了，于是你终于看见早已存在的那份痛苦，但这并不意味痛苦本身是尊严的或是对内在工作有益的。我们痛苦是因为跟自己失去了联结，我们经常跟自己的痛苦也失去了联结。假如我们受苦是因为我们正朝着真理的方向迈进，那么这份痛苦就是有尊严的。尊严指的是对真相的重视，即使真相之中包含了痛苦。如果能重视真相甚于令人分心的娱乐，以及我们企图用来替代本体的外在价值，我们自然会有尊严。因此，尊严可能涉及到某种痛苦，不过你一旦朝着真相迈进，本体的圆满和喜悦就会使你认清，过去你所珍惜的东西都是无关紧要的。

我们受到了很深的局限，才会想从外在得到滋养和享受。这是我们最深的局限之一。有没有人知道我们所受到的第一种局限是什么？使我们相信我们可以从外在获得满足的第一种局限是什么？

学生：滋养？

阿玛斯：你所谓的“滋养”是什么？

学生：即使在胎儿期，我们所得到的食物都是从外面来的。

阿玛斯：一点也不错。在胎儿的阶段我们是彻底仰赖外在的。我们甚至得靠脐带来喂养我们。那种全盘仰赖外在的情况，会一直延续好多年。这份记忆已经深锁在我们的心智和身体里，所以我们会继续依照那份局限而行事。我们的行为仍然像胎儿一般。那份局限实在太深了，因为它是在你还不知道自己是谁的时候所埋下的。它已经深埋在你的细胞和你的骨髓里，不过它还是可以被揭露和理解的。

因此，你有两个选择：继续做胎儿，或是做成人。在这整个地球上，鲜少有人能称得上是成人。成人是令人肃然起敬的，我们都有机会做成人。但胎儿并不需要停留在胎儿期，它是可以发展的。大部分的时候我们活得并不像胎儿，但我们的思想却跟胎儿一样。我们认为自己还是个胎儿，我们的行为看上去就像我们所有的爱和滋养都必须从外面取得似的。我们那胎儿一般的心必须成长，必须观察到什么时候我们的行为像胎儿，什么时候像成人。

当然，从外面取得东西并没什么错，不过你确实可以自我整合。我们并不是在作道德上的批判或抗拒当胎儿，这只是一个必须穿越的局限罢了。如果我们卡在这种状态里，就会导致巨大的痛苦。

从终极层面来看，尊贵的痛苦乃是要捐弃无意识，让个人性的本体可以穿上和平的圣袍，端坐在真理的宝座上。

第六章 价值

我们通常会认为对象本身才是有价值的，但事实并非如此。价值是我们附加在对象身上的某个东西，是我们决定了自己想看重的部分，所以每当我们改变时，价值观也改变了，但对象并没有变。既然价值是我们附加在人事物之上的某个东西，它一定是从我们内心里冒出来的。

阿玛斯：内在工作对你们有什么价值（value）？

学生：我认为它的价值就在于它能帮我发现我还不知道的一些事。每当我发现自己处在喜悦的状态时，我自然会感到有价值。最近有位朋友对我说，“你已经拥有了一切。”然而那只是一种附带价值。只有当我的人格议题被厘清时，我才能得到我真正珍惜的东西。真正的价值只是一种存在状态。

学生：我正在思考价值跟我所学的哲学课程之间的关系。我觉得我好像在“存在”与“不存在”之间抛出了一条生命线，我知道“我就是神”，我的人生有某种真实的目的，不是只在地球上飘来飘去，同时又感到紧张不安。我终于知道什么是真相了。虽然我还是在抗拒，但我已经有了活着的理由。

阿玛斯：你已经找到了活下去的理由。

学生：确实有一个使“我”活着的理由，现在我终于有机会学习如何全然地活着。

学生：我看见周围有许多人因为压抑自己而迷失了方向。内在工作使我发现我确实在压抑自己，但还是有一条路可以通往我自己。某些看似重要的事，其实并不重要。我现在无论从外面得到什么，意义都不大了，可是我却更有能力享受它。我的心中出现了真正的自由。

学生：我对内在工作的价值所进行的思考，跟自由这个主题有关。我可以清醒地选择我要不要享乐，我可以喜悦地过着每一天，里面有一种自由的感觉。我也可以选择担忧或烦扰不断。有一部分的我非常清楚心中的烦扰是不必要的，它们跟需求有密切的关系，如果能放下它们，我就能活得十分喜悦。我终于有自由可以得到我想要的东西了。

学生：我也感觉人生的意义和以往不太一样了。我以为我会拥有一份关系，一份工作，一栋房子和孩子，而这就是我的人生了。但现在我所能拥有的东西太多了，我觉得我的人生是没有局限的，我可以拥有自己想要的任何东西。了解那些正在发生的真相，竟然是如此有益的事。

学生：我从内在工作中得到了许多珍贵的事物，其中最重要的就是力量。我也认清了埋藏在心底的一些东西，那些东西真是出乎我的想象之外。过去被我认为不可能得到的快乐，现在我都有了。

学生：我得到了一份荣耀感。

阿玛斯：是的，一份充满着荣耀的存在感。你们都说出了许多真理，我要再加进一些观念来做个整合。刚才我们所提出的问题——“内在工作对你有什么价值？”——一共有三个部分，它们分别是“价值”、“内在工作”以及“你”。价值是什么？内在工作是什么？你是什么？我可以用一句话来说明。价值、内在工作和你是同一个东西，它们都是同一种价值。内在工作是一种价值，你也是一种价值。

让我们来谈谈我们通称的“价值”是什么。对大部分人而言，价值指的就是超我的价值。只要是超我所认可的东西，你就认为有价值，只要是超我不认可的，你就认为没价值。因此价值往往取决于我们的无意识、我们的局限、我们的信念。一开始我们会赋予内在工作什么样的价值，端看我们无意识里的动机是什么了。刚才你们之中有人说，过去对你们而言是非常重要的东西，现在却没那么重要了，所以你以为你的价值观已经改变了。

早先你可能因为某种无意识里的匮乏而看重某些事物。譬如你不觉得自己长得美，你就可能非常重视那些让自己更美的东西。我并不是说美不重要，而是在这种情况之下，你对它的重视其实是来自于一份匮乏感。这往往是我们对待价值的态度。此外我们也会重视那些在童年曾带给我们快感的东西。

从这个观点来看，趋乐避苦的倾向确实主导了我们的价值观。任何一种能帮你逃避痛苦的东西都是有价值的，这意味着你所有的防卫机制和抗拒力都受到了高度的肯定。一开始进行内在工作时，你奋力地想保有你的防卫机制和抗拒力。你花了许多年建立起对自己的概念，譬如你应该是怎么样的，而世界又该是怎么样的。这些长久累积下来的梦，大部分是奠基于童年的匮乏经验。如果你能借由内在工作而更加了解自己，并且能看见真正的价值是什么，这些欲望和期待就会改变。

你赋予事物的这份价值到底是什么？

到目前为止我们还没探讨到价值是什么，只检视了日常生活里我们所重视的是什么。我们可以观察到一件事，那就是，价值会随着时间而改变。当你谈恋爱时，你会非常珍惜那个人，两年之后你就不再喜欢她了。你不再像以往那么重视她，你重视的或许是另一个人了。你所爱的人改变了吗？不一定，甚至根本没变。那是什么东西改变了你对她的重视呢？

或许长久以来你很喜欢吃墨西哥菜，现在却爱上了法国菜。是什么改变了这些东西的价值？很明显地，价值观的改变和对象无关，因为食物本身并没有变。虽然我们通常会认为对象本身是有价值的，但很快我们就会认清事实并非如此。价值是我们附加在对象身上的某个东西，我们决定了我们看重的是什么，所以每当我们改变时，价值观也改变了，但对象并没有变。既然价值是我们附加在事物、人或活动之上的某个东西，它一定是从我们内心里冒出来的。

这个能够让你把事物、人或活动变得有价值的东西是什么？假设你很喜欢看足球赛，那么在足球大赛期间，你会黏在电视机前不停地看球赛。你到底赋予了足球什么样的价值？那是一种理想、概念、信仰，一份你对它的感觉，还是其他的东西？我们早先曾经说过，价值观会因为某种信念或某种感觉而产生。也许你喜欢看足球赛，是因为你父亲喜欢看。或许你想成为某一群足球迷中的一分子。也可能你童年时曾经和父亲或朋友踢过足球，所以喜欢上了足球。这些源自过往的动机会促使你看重某些东西，然而这些原因都不是价值本身，它们只会促使你把价值放置在某个部分而已。因此，你赋予事物的这份价值到底是什么？

学生：我认为我所重视的东西一定和某种内在的渴望吻合，譬如快乐。

阿玛斯：没错，你通常都会看重一些能带给你快乐的东西，但有时也会看重那些不能带来快乐的东西。即使人们知道自己的小游戏永远会带来痛苦，他们还是很看重。

现在让我们来区分一下价值和我们所重视的事物及重视的动机，因为我们要一探价值的本源。如果我们看清楚了，也许就能从我们所看重的事物之中获得更多的自由。我们要了解的是心中那个能产生价值感的东西是什么。

学生：如果我看重某个东西，而且对它很感兴趣，它就会使我产生某种能量。

阿玛斯：这股能量是什么？你珍惜的某个东西确实能带来你所喜欢的某种能量。但是我们会发现这个东西是由你选择的，而不是它选择了你。我们一向拥有这份自由，可是我们通常看不见。我们以为，“如果我得到了这个，我就会快乐。”我们看不见是我们自己选择去看重这个东西的。我们在这里要学习的就是让自己从事物的价值中解脱出来，然后去发现真正的价值是什么，这样我们才能重视那些对我们最有益的事，而不再受缚于无意识里的局限。

让我们回顾一下你们刚才所说的话。有人过去重视的是汽车、摩托车或工作，后来才发现他珍惜的其实是一种存在状态。这是我们很少能认清楚的事：原来我们珍惜的只是一种存在状态。那是一种“存在”，而不是某种对自己的概念。只有当我们肯定自己的时候，我们才会珍惜自己。“如果我很美丽，我就是有价值的。”“如果某人爱我，我就是有价值的。”“如果我很聪明，我就是有价值的。”我发现你们之中有许多人把价值的定位放颠倒了！如同有人说过的，另外还有一个东西必须去体认——你不是为了某个特定的理由而看重自己，你珍惜自己是因为你存在。你珍惜的是真实的你。任何一刻都要珍惜真实的自己。不是因为你存在而珍惜自己，而是去认清存在本身就是一种价值。

学生：对我而言，价值仍然附着在某些感觉之上。

阿玛斯：是的，你们有很多人已经从看重外在事物转为重视内在事物。我们一开始会看重某些情绪——和善的感觉、美好的感觉，甚至是愤怒的感觉。重视这些内在情绪，或许比重视一辆汽车更深刻更持久一些。不过你不需要依据某些感觉来看重你自己。珍惜这些感觉和珍惜外在事物是同样的一回事。你可能会说：“我喜欢爱与融合，我不喜欢那种孤立的感觉。”但这毕竟还是一种受限的价值观。我们可以超越它，进入到另一种境界，在那里，价值不再是任何东西的结果。真实的价值不需要依赖任何东西。现在我们开始贴近真正的价值了。你内在的那份价值到底是什么？你赋予其他事物的那份价值到底是什么？

学生：有时它感觉起来就像是一种本质。当我珍惜自己的时候，我觉得我就是价值本身。

阿玛斯：没错。这便是我们要探讨的——存在本身。它不是某个珍贵的东西，它就是价值本身。它是价值的源头。它为所有的事物带来了价值。

我们自己就是价值本身，是本体示现的一种方式

价值是本体的一个面向，它可以被体认为绝对价值。你们之中有某些人已经体认到自己的价值是独立于头脑之外的。它跟你的超我或其他人的超我都无关，也跟现象无关。不论你结婚或单身，不论你拥有多少辆汽车，不论某人是否爱你，不论你是否快乐，是否仍然活着，是否健康，你的价值都不受影响。价值和这些事物是分开的。

这是我们经验本体的方式之一——成为价值本身。价值可以在没有任何对象的状况下存在。我便是价值本身。这就是本体示现出来的方式。本体所有的品质基本上都具有这份特质。譬如真理是本体的某个面向，它并不是有关某个东西的一种真理，真理就是它自己。

价值这个东西，你可以感受到它、成为它、看见它、嗅到它、尝到它。价值是十分显而易见的。它就是你，它就是你的本质。

因此，内在工作的价值就是要发现这份"价值"，认清自己的价值，认清你就是价值本身。内在工作既是本体自身，也是价值本身，因为内在工作的源头即是本体。内在工作并没有价值，它就是价值本身。到了某个阶段你才会认清你不是有价值的，因为你就是价值本身。

学生：价值和爱是不是同一个东西？

阿玛斯：它们都是本体的一部分，但每一个部分的滋味都不同。每一个部分都像是整体宇宙所反映出的不同面向，爱和真理都是本体的一部分，但各自有不同的滋味。爱和价值反映出了本体的不同滋味。

学生：不论我们是否能体认到它们，它们都是存在的？

阿玛斯：当然。这便是你的本质。内在工作就是要觉察到这份本质，竭尽所能地觉察到这个部分。有人说不论你是否觉察到本体，它都是存在的。这句话虽然没错，但不尽然属实。你必须意识到本体，它才

会变得真实。如果你无法意识到它，它就会隐匿在你里面，如同一个能使你存活下去的小火苗一般。对某些人而言，它存在于脑子里；对另一些人而言，它存在于心中；还有一些人则认为它存在于他们的腹部或脊椎里。你一旦觉察到它，它就会显露出来，它会充满着你。那时你便是它了。

学生：每一个人是否都有本体？

阿玛斯：依我来看，缺乏本体你根本无法存活，本体即是生命之源。

让我们再回来探讨一下价值的问题。既然我们已经稍微瞥见价值是什么了，那么不妨思考一下另一个问题，“内在工作对你有什么价值？”我认为我们现在对内在工作的价值已经有了比较清楚的认识。它比我们一般所认定的更具有根本上的价值。内在工作就是确知你到底是谁。从某个角度来看，你就是价值本身。

因此，寻找价值便是寻找自己。人们经常会问：“生命的意义是什么？生命的价值是什么？”答案是无法言传的。一旦认清你就是价值本身，那么本体自然会显露出它的美、它的庄严、它的宏大以及它的喜悦。一旦体认到自己内在的“价值”，你就会发现价值便是你的根本，也就是所谓的个人性的本体。那个在你里面的东西就是你。价值即是你的根本。

价值是非常明确、非常显著的，它有色彩，有味道，有质地。本体拥有色彩、质地和味道这些特质。价值的颜色如同琥珀一般美丽，它的滋味好极了。一旦确知本体就是价值本身，你一定会发现你的味道好极了。价值如同富有异国风味的美食一般。

在我们追寻真理的过程中，我们首先要审视一下“谎言”。在探索价值的过程里，我们要看一看我们是多么缺乏自我价值感，同时也要认清自卑或匮乏的感觉。了解这些东西之后，我们才能发现真实的价值是什么。我想现在有许多人已经知道价值是什么了，它就在我们眼前的大气里。

第七章 真相与慈悲

真相与慈悲之间存在着一种微妙的因果关系，慈悲可以将你引领到真相面前，而真相也会引出你心中的慈悲。使我们逃避这两者的通常是痛苦。我们想要的通常只是一些美好的感觉，但是我们错把谎言当成了真相，因为我们不信任真相。然而真相本身才是重点，不论它是否符合我们的信念。

阿玛斯：今天我要探讨的是真相（truth）与慈悲（compassion）之间的关系。弄清楚这件事对每个人都有用处。我们将一一阐明这些概念的意义和重要性。还没开始探讨以前，在座有没有人知道与慈悲相关的颜色是什么？

学生：绿色。

阿玛斯：了解这一点可以帮助我们理解下面这则故事。在苏菲传说里，Khidr 意味着"绿色的人"。这个传奇故事大家已经听过了，今天我们要从另一个角度来看看它。我想说的是"真理之国"这个故事。

真理之国

> 某人认为，正常醒时的生活，绝不可能是完整的真相。
>
> 此人不断地追寻当时的真师。他阅读了许多书籍，也加入过各种修炼团体。他在一个又一个的大师那里听闻到智慧的话语，也目睹了他们的功业。对他而言，最富有吸引力的，还是这些人的修行方法，而他也都一一照做了。
>
> 他对自己的某些体悟开始感到昂然自得，但有时还是充满着困惑；他不知道自己正处在哪个阶段，也不知道何时他的追寻才能结束。
>
> 某一天当他正在回顾他的所作所为时，突然发现自己已经来到某个著名圣哲的门前。在那栋房子的花园里，他遇见了 Khidr 这位能引人走上真理之道的秘密导师。

Khidr 带他到了一个地方，他看见那里的人都充满着巨大的悲伤和苦恼，于是他询问他们是谁。“我们是一群未能追寻正法，未能实践自己的诺言，同时又敬拜了自封为师的人。”

接着 Khidr 又带这名男子到另一个地方，那里的每一个人看起来都很漂亮，而且充满着喜悦。他问这些人是谁。“我们是一群没有追寻正途迹象的人。”

“如果你们忽略了正途的迹象，你们怎么可能如此快乐呢？”旅者问道。

“因为我们选择的是快乐而非真理。”这些人回答，“就像那些人选择了自封为师的人，就等于选择了不幸。”

“难道快乐不是人类的理想吗？”男子问道。

“人类的目标应该是真理，真理比快乐重要多了。一个拥有真理的人，可以选择任何一种他想要的情感，也可以选择完全没有情绪。”他们回答着，“我们假装真理便是快乐，快乐便是真理，而人们竟然相信了我们的话。连你在内，一直到现在，大家都以为快乐就是真理。其实快乐和悲伤同样会把你变成囚犯。”

突然，那名男子发现自己已经回到了花园里，而 Khidr 就在他身旁。

Khidr 说：“我将赐给你一个愿望。”

“我想知道为什么我的追寻失败了，我要如何才能成功。”男子问道。“你的一生全都浪费了，”Khidr 说，“因为你一直是个说谎的人。你的谎言就是把追求个人的满足，当成了对真理的追寻。”

“但是我已经进展到可以发现你的存在，这是很少人能办到的事啊。”男子如此回答。

“你会遇到我，是因为你在那一瞬间产生了对真理的真切渴望。就是那一瞬间的诚意，让我回应了你的召唤。”

男子突然感受到一股巨大的渴望，他开始真的想探索真理到底是什么，就算失去自己，也在所不惜。

这时 Khidr 已经越走越远，于是男子急着在后面追赶他。

“你不可以追随我，我必须回到正常的世界里。如果我还想完成我的工作，就必须回到那个充满着谎言的世界。”

男子向四处仔细一看，发现自己已经不在那名圣哲的花园里。他踏进了真理的国度。

（出自伊德里斯·夏的《东方思想家》(*Thinkers of the East*)）

我不断地重读这个故事——也为你们读了许多次——因为这是我们必须了解的最重要的真理，也是人们最容易忘却的真相。它是最实际、最有帮助的真相，在任何一种情况下，它都是我能给你的最佳建议。

如同 Khidr 所说，他生活的世界是个谎言的世界，里面的每一个人都在说谎，他们背离了自己以及别人的真相。我们有一种把真相视为敌人的倾向，而且通常都把谎言视为我们的朋友。我们竭尽所能地逃避真相，因为我们认为真相会伤害我们，以为真相会夺走一些东西，置我们于不悦的情境，因此总是借由谎言来保护自己。如果是这样，我们就是活在一个充满着谎言的世界里。

现在，让我们深入地看一看真相、谎言、慈悲，以及它们之间的关系。我认为我们对谎言比对任何事都熟悉。每个人都是欺骗自己及他人的高手。多少年来我们一直在说谎。我们必须认清我们一直把真相视为敌人。这就是我们会形成逃避、压抑和抗拒的原因。如果我们不把真相视为敌人，我们就不会抗拒和压抑情绪，也不会企图逃避真相了。然而我们通常觉察不到自己正在抗拒和反击真相。如果你能认清自己在抗拒真相，那么某一层的谎言已经被去除了。

仔细回顾一下你在这个团体里到目前为止所下的工夫，你会发现它最主要就是要揭露谎言，看见真相。我们已经知道人格的谎言提供了有力的线索，可以使我们看见本体的真实面向。我不需要再对你们强调理解自己、了悟自己、解脱自己都跟认清真相有关。对这一点我们已经很清楚了，即使我们的无意识仍然在抗拒它们。

受伤、慈悲与真相的关系

我想你已经很清楚慈悲的重要了。让我们再谈一谈慈悲的定义是什么。人们通常会把慈悲视为减轻别人痛苦的一份欲望，或是把慈悲体认成一份助人的欲望。当我们看到别人受伤时，我们往往会生起慈悲心。如果别人不感觉痛苦，我们很少会感到同情。因此，我们通常会把慈悲、痛苦和受伤联想到一块儿。然而这只是慈悲最初阶的层次，一种情绪上的同情。

还记得 Khidr 那个“绿色的人”就是慈悲的象征吗？他扮演的是不是一种减轻痛苦的角色？他当时到底做了什么？

学生：他说出了真相。

阿玛斯：没错，他说出了真相。这才是慈悲真正的作用。慈悲的作用并不是减轻痛苦，而是要引领人们来到真理的面前，让这个人能活在真相之中。我们往往看不见这个重要的事实，因为我们对慈悲所抱持的概念并不正确。看看你自己，你以前所认定的慈悲及慈悲的行为是什么？对大部分人而言，我们的慈悲都没有落在真相这一边，它比较偏向让人感觉舒服一点。这并不是本体的慈悲，这只是一种情绪上的同情。看到别人受苦，我们会伤心，这是可以理解的。当你在受苦时，你也可能会对自己感到同情，这份同情往往是有帮助的。因此，受伤、真相和慈悲之间到底有什么关系？

慈悲是一种治疗的媒介，它能帮我们承受因看到真相而生起的痛苦。内在工作之中的慈悲，其作用并不是在减轻痛苦，它真正的作用是要引领我们认清真相。在大部分的情况之下，真相都会令人感到痛苦和恐惧。慈悲则使我们有能力承受那份痛苦和恐惧，它会帮助我们不断地追寻真相，而真相终究会消解掉痛苦。不过，慈悲最主要的目的并不是消解痛苦，这只是它的副产品罢了。

事实上，只有当慈悲生起时，人们才会允许自己认清真相。慈悲如果不存在，信任就不见了。如果某人对你展现出慈悲，你自然会信赖他，并且愿意在他面前呈现出脆弱的一面，你会看见真相而不抗拒它。慈悲并不会消解痛苦，它会让痛苦变得有意义，让痛苦变成真理的一部分，使我们能承受得起痛苦。这样的观点会为我们的人生带来显著的变化，也可以改变我们对待自己和朋友的方式。

一般而言，我们通常会保护自己免于痛苦和恐惧，使自己不去接触无意识里的真相，而这份保护的欲望也会使我们看不见自己是谁，认不出自己的本体。我们误以为自己的行为是慈悲的，进而也想帮助别人，保护别人，不去看到真相。我们终身都在企图保护我们最亲近的人，免得他们因看到真相而感觉痛苦。我们也总是在保护自己，我们以为看到真相会令自己受伤。我们认为自己承受不起真相。

我们并不是在说情绪上的同情——想要减轻自己和别人的痛苦——是不好的。尤其是当你开始想了解自己时，这份同情往往是有益的。但如果你真正感兴趣的是你的本体，情绪上的同情就会变成一种障碍。

允许自己感受痛苦，慈悲就会生起

为了证悟本体，你必须发展出真正的慈悲。这件事的重点不在于寻求不幸或寻求快乐。根据故事的内容来看，重点就在真相是什么。观察一下我们的人生，我们会很惊讶地发现，我们的行为有多少是出自于追求快乐及逃避真相的动机，也就是一种情绪上的同情。譬如说，我们总是不想让父母认清我们的真相，我们可能会说，“我怎么可能快乐呢？我的母亲是这么不快乐，我要如何去做才能让她不感觉更悲惨？”“我的父亲是那么虚弱地坐在那里，如果我变得太坚强，会不会羞辱到他？”我们规避了我们经验中的快乐及力量，只是为了不让我们的父母感到痛苦。因此，从某种角度来看，我们是出自于一份同情才这么去做的。那份同情就像孩子看见了伤痛，但无法承受伤痛的肇因，也不忍心强化它。从那时候起，我们就开始相信慈悲是一种保护，保护我们所爱的人。我们就是如此这般地埋藏了我们的真相及本质。

真理、痛苦和慈悲还有另一层有趣的关系。你们之中某些体验过慈悲的人应该已经看到，当你允许自己去经验痛苦时，你的慈悲心就打开了。那份痛苦通常源自于认清自己的真相或处境。一旦发现到真相，你自然会感觉痛苦，那时如果你允许自己去感受那份痛苦，慈悲就会生起。如果你不允许自己去感受痛苦，你是无法体认到慈悲的。这便是我们这个有机体的运作方式。

因此，真相和慈悲之间有一种交叉关系，这两者又跟痛苦息息相关。从本体的角度来看，痛苦并不是重点，痛苦只是我们必经的过程，重要的部分是真相——有关我们是谁的真相。有时痛苦可以帮助一个人领会真相是什么。

我有没有告诉过你们某位女学生照顾一名临终老妇人的事？这名女学生每个礼拜都和我碰一次面。她每次来我这里，都会向我哭诉那名住院的老妇人有多么痛苦，她的一生都活在悲苦中。每个礼拜，这名学生都会向我哭诉那位老妇人的痛苦。最后当老妇人过世时，这名学生哭得比从前更严重，并且开始对上帝感到愤怒。基于心中的那份悲苦，她问道：“这一切又有什么意义？”这是个很好的问题，而答案也很有趣：那位老妇人让这名学生认识了慈悲是什么。因为结识她，学生的心打开了，她体验到了从未有过的绿色精微能量，苏菲派称之为慈悲。痛苦打开了她的心，而这是发现本体必要的一步。通过这名学生，老妇人也体认到了什么是慈悲。

从本体的宇宙层次来看，我们人生中所遭遇的困境和喜乐，都远不及发展出慈悲心那么重要。我们整个人生的目的就是为了发展慈悲心。从这个角度来看，我们会发现造成痛苦的并不是真相而是谎言。谎言所带来的痛苦早就存在了，真相只是将它揭露罢了。痛苦一旦被揭露，你就可以放下它了。这就是为什么真相是慈悲的，它可以揭露谎言而消除掉痛苦。

如果你越来越清楚什么是慈悲、什么是真相，你就会看见慈悲确实是通往真理的一扇门。你会经历各种的痛苦，但慈悲始终能让那扇门保持开放。你会看见门的那一边就是真相。本体即是真相。

在体验自己的过程里，只要看见真相便能带来满足

接下来要问的则是“什么是真相”？首先，让我们以内在工作一开始的一份理解来看待这个问题。通常我们会把真相视为一种观点或某种说法。我们经常说，“这个说法不真实”、“那个说法很真实”或者“这个观点很真实”、“那个观点不真实”，这便是一般人对真相的理解。如果我们开始对自己的无意识下工夫，那么发现真相便意味着弄清楚里面确实有哪些东西，也就是要发现我们真正的信念、我们无意识里的动机和冲突是什么。

首先我们会看到自己的防卫机制，我们信以为真的谎言。我们发现它们是存在的，我们开始认出它们来。借由观察我们的谎言，我们会看见谎言底端的匮乏感。我们会发现，我们经常有意地去相信那些和自己无意识里的信念及感觉相反的东西。如果我们的无意识认为自己是脆弱的，我们就会制造出一种谎言，使我们相信自己是强壮的。我们一旦相信自己是强壮的，再想揭露出脆弱的感觉就会变得很困难。这时就需要慈悲才能解决问题了。

让我们来看一看在真实的经验里，你是如何因为看见自己的真相

而经历了许多痛苦。你为什么会经历这么多痛苦？人们来这里做内在工作时常会告诉我："我真正想做的就是去除眼前的困境，我想要一个男朋友。我想找份新的工作。我想要一辆新车。我想停止心中不断出现的恐惧。"但是当你真的在进行内在工作或正在受苦时，你会认为，"我做这件事是因为我想去除恐惧"？你会认为，"我经历这些事是因为我想找到一个女朋友或男朋友"？你心中的想法真的是这样吗？如果深入地探索，你会发现大部分的时候这些都不是我们心中真正的想法。你早就把这些事情忘掉了。你心里只有一股强烈的动机："我想体验这份感觉。"然而那股强烈的欲望到底是什么？它是从哪里生出来的？

如果真的去探索自己的这些状况，感觉上是非常痛苦的。你会说："喔，我真的那么善妒吗？"或者"我的依赖心及愤怒真的那么强烈吗？"你不喜欢这些东西，可是心中却有一种声音："我想感觉它，而且想深入到底。"并没有人强迫你做这件事，那一刻到底是什么东西在驱动你？在体验自己的过程里，你起先认定的动机已经不见了，你的动机已经变成想要认清真相的一份渴望。看见真相的本身变成了一种满足，它似乎能带来某种微妙的喜悦感。因此，不论情况有多么困难，你还是会想看见真相。

观察这类的经验，可以让我们更清楚地认识真相是什么，这已经不再是某种说法或观念是否属实的问题了。更深一层的感觉已经冒了出来，因为真相最渴望见到的就是它自己。真相一旦示现出来，你就会想经验它。本体渴望见证它自己。真相显现得越多，本体就会被了悟得越深。如果以这种方式进行内在工作，你甚至不必思考，就能从内心深处生出这股动力。这便是所谓的"为了真理而爱真理"。你渴望它并不是因为你想去除恐惧，达成这个或那个目的，你只是渴望看到真相罢了。你渴望的只是真相本身。那份渴望是如此的深刻而强烈，它一旦示现出来，没有任何东西可以阻挡得了它。你也许正处在巨大的痛苦中，但真相总是能帮你度过痛苦。

我们都拥有这样的动力，但我们通常会掩盖住它。只有当我们真的深入到当下的真相之中，才能体会这层真理。真相会令我们觉得自己越来越真实、越来越能安住于当下。真相会因此而变得越来越显著，而且不论快乐或痛苦，生命都显得更有意义，更令人满足。我们的经验会因为某种东西而充满着生机。这份圆满和知足的感觉，不可能经由别的方式而达成。我们周围的每一件事似乎都变得越来越真实，越来越具体。

这种时刻很难以逻辑来解释，你必须亲自体尝它们，而它们便是真相的线索。我们体验到的真相越多，越是会生起下面这种念头："是的，那里面有某个东西是我想要的。"然而真理之中到底有什么东西是我们所渴望的?

越是能在当下安住于我们的身体，我们的腹部，就越接近我们的本质和真相。这样我们才能知道什么是真，什么是假，而不是一种逻辑推演或是无意识里的某种东西。你和那股微细的真实感会越来越贴近。一段时间过后你确实会看见它，那时真理就不再是一种论断或某种说法了，它变成了一种实存的东西。那时本体就是真相本身，而你也会认清每当你感受到心中的真相时，那股满足和喜悦是从何处产生的。我们在认清真相上所下的工夫，终将引领我们证悟本体。

慈悲能带你到真相面前，而真相能带出你心中的慈悲

如同我们早先说过的，学习认清真相的过程里，会引出许多痛苦、恐惧和羞辱感。当你面对自己和别人的真相或是想逃避痛苦时，什么才是真正慈悲的行动？如果在任何一种情况之下你都选择掩盖真相，不去面对内心巨大的痛苦，你就是在把自己打入谎言的世界里。

所以你会发现，真相与慈悲之间存在着一种微妙的因果关系。慈悲能带你到真相面前，而真相也会带出你心中的慈悲；使我们逃避这

两者的，通常是痛苦。我们要的只是美好的感觉，我们只想护卫自己的信念以及对自己所抱持的概念，我们不想看见别人的真相。我们对自己、对别人、对事情都有一些自以为是的信念。看穿这一切会带来恐惧和痛苦，但这是因为我们相信了谎言而导致的结果。我们错把谎言当成了真相，因为我们不信任真相。然而真相本身才是重点，不论它是否符合我们的信念。

从内在工作里你会很清楚地看到，真相经常不符合你的信念。譬如你们有许多人已经发现爱是什么，而它和你原先的想法并不相同。当你发现你的价值时，那也不是你原先所想的。你感受到的圆满，也跟你原来的想法不符。放下心中的想法是非常痛苦的，不是吗？那是很恐怖的一种感觉，所以你会拼命抵抗："不！我不想放下这个想法！"但是你越能放下，就越能经验到真实的东西。

有趣的是，慈悲往往和信任相随，信任和慈悲几乎是同一个东西。大部分的时候我们并不信任真相，但真相是对我们最有利的东西。如果我们不信任真相，我们就不会慈悲地对待自己。

看见真相以及依循真相而活，是一件必须贯彻到底的事。我们必须贯彻到认清真相就是真相，不论你喜不喜欢它，不论你的情况是什么，都要坚持到底。即使它令你害怕，你也不能把真的变成假的。真相是什么，就是什么。如果能慈悲对待自己，你自然会让自己看到真相。内在工作和人生的目的，就是要看见真相，认识真相以及活出真相。你一旦在生活里体认到真相或本体，体认到它的意义、它的重要性、它的深度、它的细腻以及它所带来的至乐和满足，你就不会再想要别的东西了。你会渴望看透每一个东西的真相。它比其他任何事都更贴近你。

我们通常想抓住自己的信念和对自己的概念，我们以为放掉它们，就会失去某个我们赖以维生的东西。然而只有当你对自己生出慈悲心时，你才会更加信任自己。你会看见拯救你的，最终仍然是真相。

第八章 信任

信任和慈悲是相连的，它们几乎是同一个东西。慈悲会导向信任，而信任又会导向慈悲，两者都和真相息息相关。感到受伤或脆弱是在过程中所发生的事，当某些人从信任进入真相，或是从真相进入信任时，都会经历到这些感觉。

阿玛斯：今天我要问大家一个问题。什么是信任（trust）？

学生：如果我对一个人说“我信赖你”，我想我的意思通常是“我相信你不会伤害我”。

阿玛斯：所以对你而言，信任和伤害是相关的，而且重点就在受伤或不受伤。

学生：对我而言，“信任”这个词意味着一份落实的感觉。你知道你的立足点是稳固的，所以不会摔倒。相信某个人，就像是找到立足点一般，但那个立足点可能就在我的心中或内心的某个地方。

阿玛斯：那是一份支持感吗？你是不是将信任和支持画上了等号？

学生：我的意思是，只有当我感觉安全时我才会信赖别人。如果我的内在没有安全感，我就不会信任他们。如果我认为自己可能会被他们逼到某个角落，会迷失或受伤，或是不知道该怎么处置，我是不可能信任他们的。

阿玛斯：所以你的意思是，信任取决于内在的状态。假如你的内心有安全感，你就比较容易信任。

学生：我认为信任是要努力挣得的，如果某人得到了我的信赖，那是他们努力挣得的。某人要想博得我的信任，他就必须深入于我的感觉和想法之中。

阿玛斯：如果他们能深入于你的内心，他们就会博得你的信任。很好，但什么是信任？我们现在所谈的是何时我们会产生信任，别人要如何博得我们的信任，而信任又是什么？你说某人赢得了你的信任，他们到底赢得了什么？

学生：他们赢得了我的一部分。他们赢得了我的诚心，我会以更真实的态度对待他们。

阿玛斯：他们赢得了你的诚心。所以你将信任与诚心画上了等号。

学生：是的。进一步地推演，它就是防卫或有所保留的反面。

阿玛斯：很好，非常好。因此他们赢得了你的诚心。到目前为止我们已经发现了诚心、伤害、安全感——还有没有其他的东西？

学生：我认为这跟对某个东西的确知有关。就像体认到一种根本的品质，并且看见了它的正当性和确定性，你知道它不会消失，你相信它是真的。

阿玛斯：所以你将信任和确知连在一块儿了。因为你对某个东西很确定，所以你信赖它。让我们来探索一下这件事。你们知不知道为什么我们一开始工作时，你们会不信任我？

学生：因为我还没有足够的证据可以证明你开出的处方是有效的。

阿玛斯：但是现在你比较信任我了？

学生：是的，因为我已经体认到你所说的一切，以及你要我们有信心的原因。

阿玛斯：所以你产生了较深的信任。你现在所说的是从直接的体验里所产生的一种确定感。然而信任的本身到底是什么？到目前为止你们已经说出了支撑信任的东西，但我们还没找出信任到底是什么。当你信任某人时，你会做些什么？

学生：你会对他们有信心。

阿玛斯：会有信心，但这又意味着什么？

学生：你会以截然不同的方式向他们开放你的心。

阿玛斯：所以如果你信任一个人，你就会对他们开放你自己。

学生：如果你信任，你就会展现出真实的自己而不必顾虑什么。

阿玛斯：因此，信任对你而言，意味着不必顾虑什么就能展现出真实的一面。你只是把自己呈现出来，没有任何的自我防卫。很好。还有没有别的看法?

学生：我认为信任就是在我和自己的互动关系里，或是我和别人的互动关系里，呈现出一种真实的状态。在这种互动之中似乎涉及到一份诚实。

阿玛斯：你的意思是，信任是由某种诚实的感觉所造成的结果。或许它本身就是一种诚实的感觉?

学生：我不很确定它们是否有区别。

阿玛斯：这么说，信任和诚实的感觉是非常接近的。

学生：信任和易感性也有关系。

阿玛斯：为什么会如此?

学生：当我信赖某个人的时候，我会允许自己呈现出脆弱易感的一面。

阿玛斯：你允许自己呈现出脆弱易感的一面，意味着你不再需要护卫和保护自己了。这跟刚才所说的安全感很相似。

学生：这又会牵涉到信任自己的议题。

阿玛斯：没错。你必须信任自己，信任某个人，信任某种理念、某种情况，而这些东西都不是我们能永远信赖的。因此，信任自己到底是什么意思?

学生：它的意思应该是，我觉得我好像正踏在通往自己的一条道路上。我信任我的生命。我信任我正在做的事。

学生：也就是学会臣服于眼前的状态。

阿玛斯：所以信任某种情况、某个人或是你自己，攸关于是否有能力臣服于当时的情况，是否有能力开放你的心，让你的脆弱呈现出来，把自己暴露在那个情况里，去感受它对你的影响。

学生：信任和认知或真理是不一样的，它有流动的特质，它不是一种超越时间的东西，而是一种流动和处在过程中的感觉。它跟期待有关。它似乎跟永恒性以及暂时的个人性相关。那是一种朝着某个超越时间的东西在迈进的活动。

阿玛斯：所以你把它跟本体连在一块儿了。

学生：我发现我越是接近我的本体，就越少有人能使我产生信任。

阿玛斯：你的意思是，对本体认识得越多，并不必然使你信任更多的人。它反而会让你更信赖自己的辨识力。

信任的层次与类别

我们已经得到许多观点了，让我们看看有没有可能将它们整合在一起。信任似乎跟真诚、确知、臣服、受伤与否，以及是否有能力做自己相关。它们往往使我们有能力呈现出脆弱的一面。从这项探讨中我可以联想出好几个问题。信任到底有多少种类和层次？什么是信任？什么能带来信任？

首先，信任似乎有各种不同的层次，也有各种不同的类别：譬如信任自己，信任某个人，信赖某种情况，相信某种真理，认同某种知识或信念。不同种类的信任经验会带来不同的感觉。如果你信任自己，那份感觉和你信赖某个人是不一样的。如果你信任的是自己，你会臣服于内心正在发生的事，臣服于你自己的暗示或是自己的真相。如果你臣服的是另一个人，那份感觉又不一样了。假如你信任的是自己，你不会生起一种臣服的感觉，但信赖某个人会比较有臣服感，你会允许自己呈现出脆弱的一面而不需要自我防卫。信任某种情况则意味着你对那种情况有一份安全感。你觉得很平安，事情一定没问题，或者该发生什么，就发生什么。

也许各种不同的信任之中都有共通的元素。无论是信赖自己、某个人或某种情况，里面是否都含有一份安全感？那是一种平安的感觉，一种不需要保护自己的感觉，你觉得你正处在一个很友善的国度里，可以自由地呈现自己，而不需要过度小心或神经过敏。因此，信任跟没有恐惧、没有神经过敏的倾向攸关。信任最简单的解释就是不需要恐惧了。不论身处何处——跟自己或是跟别人相处——你都会得到保护。

这是认清不同种类的信任的一种方式，另一种方式则是要认清信任的各种层次。譬如，你信赖那些不会伤害你的朋友，这是最明显的一种信任。信赖某个你知道会伤害你的人，则是很愚蠢的事。因此，信任的第一个层次就是知道或相信某人不会伤害你，这会让你很自然地呈现自己。信任的另一个层次则是相信这个人会带给你最好的东西。这是更深一层的信任。这时你开始认清，为你好有时会令你感到受伤。这份信任源自于一种感觉、一份信念或某种觉察。你知道这个人是为你好，因此你从那个层次产生了你对他的信任。

接下来还有另一种层次的信任，其理由并不是因为你知道那个人不会伤害你，也不是因为你知道那个人是为你好，而是因为你认识那个人。你知道那个人考量的并不是为你好，或者是否会伤害到你。你信赖他是因为你知道或感觉到这个人有一种真诚的品质，这份品质和你没有关系，但是你知道那份品质是可以被信任的。这是更深的一种信任。它虽然不常见，但确实存在。那个人的真诚、他的认知、他的真相是那么清晰，即使你受到他的伤害，即使你不了解自己为什么受伤，你还是继续信任他。这样的信任是怎么产生的？它涉及了某个更宏大的东西。你也许并不理解为什么这个人的行为对你有益，但你可以隐约地感觉到一个更大的真理。可能是这人的品质或是你们互动的本质造成了这份信任。你或许无法确切地看到这个人的行为对你有益，可是你可以感觉到一个更大的真相。

这三种信任全都存在于这个团体中，有时出现的是其中的一种或另一种，有时则会全部出现。某些时候你信任我是因为我不会伤害你。某些时候你信任我是因为即使你觉得我伤害了你，你仍然看得见那是对你有益的一件事。还有些时候你感觉受到了伤害，而且无法认清这件事是对你有益的，但你仍然维持着那份信任。

向当下臣服的安全感和信心

让我们进一步地检视一下信任到底是什么。我们可以说，信任就是你的心中有一份安全感和信心，它们允许你在某种情况里开放你的心，无论当时发生了什么事，你都不会产生抗拒，也不企图保护或护卫自己。这应该是对信任所能下的很不错的定义了。在这样的定义之下，信任应该有两种层次，第一种层次是比较浅表的，你只是愿意去信任，而感受不到任何的抗拒。你会说："是的，我信任，我不想抗拒你或眼前的情况。"这是一种层次。更深的层次则是真的付诸行动——没有抗拒，甚至连无意识里也没有抗拒。因此，浅表的层次只是在表层意识不去抗拒、不去防卫，并且有足够的安全感可以让自己臣服于当下的情况。或许这就是那个人在那个时刻所能做的事，虽然无意识里仍然有不信任的感觉。在更深的层次里，你会产生彻底的信任。如果无意识里的恐惧都不见了，就会出现彻底的开放，里面完全没有任何抗拒、防卫或自保，完全没有任何恐惧或神经过敏的反应，一种彻底的臣服。不是只有臣服的意愿，而是真的臣服。处在第一个层次时，你可能有意愿臣服，但是还没有能力臣服。处于更深的层次时，你开始有能力臣服，有能力随顺当时的情况。我不知道你们是否完全了解了？

学生：我有一个问题。虽然我愿意信任这个团体，但恐惧和焦虑似乎仍然会从我的无意识中生起。愿意去信任的本身，带出了我心中的恐惧和焦虑。

阿玛斯：那些恐惧不一定是针对当时的情况或我而生起的，可能是伴随其他的感觉而冒出来的。处在这种情况下，最重要的就在允许那些感觉显露出来。我所谓深度的信任，指的并不是完全没有恐惧了。我的意思是，你对那个人或那种情况已经不再有任何恐惧，你的信任已经大到可以允许你所有的恐惧充分展露出来。换句话说，你因为信任我，所以你能够让心中所有的恐惧和感觉充分展露出来。

学生：有时我觉得我已经有了信任，可是我很快会把它拉回来，以免这份信任失效。

阿玛斯：这意味着你并没有真的信任，虽然你以为你有。第三种信任有时会是这样的。你以为你很信任当时的情况，但是深入地探索时，你会发现基于无意识里的恐惧，你并不真的信任它。

你可以从表层的信任开始探索，然后去发现它的局限。随着内在工作的深化，你会产生更深的信任。越是能转化你的不信任和神经过敏倾向，你就越能臣服。

学生：我认为人无意识里的信任可能比有意识的信任更多，我时常告诉自己和别人说我不信任你，但我的行为却显示出我对你是信任的。

阿玛斯：没错。有时你确实不知道自己有一份信任感。你的信任是埋在深层意识里的，所以表层意识并不信任，这可能是起因于一份对信任的恐惧。同样地，某个人很爱另一个人，但是他并不清楚这一点，因为他对爱有一份恐惧。

没有慈悲，就没有深层的信任

现在让我们多谈一谈信任的本质，这样我们才能找出是什么东西制造出了信任。我们曾经说过，信任和你对某人或某种情况所感受到的安全及信心有关。在某种情况之下，你才能毫无防卫地开放你的心，展现出自己脆弱的一面或是真相。那时你在情绪上已经不需要恐惧了，头脑里也没有任何的担忧、紧张或考量，更没有神经过敏的念头。你的头脑是安静的，心是安详的；你的头脑感觉到安全，心感觉到安适，情绪体的能量中枢有一份信任感，这些部位都不再焦虑或紧张。因此我们会发现，信任确实是一个有用的好东西。当你的头脑、心或情绪体不再紧张时，你就是处在一种有利于自我了解的状态。

失去了信任，你很难安住于当下，也很难呈现出易感的一面。易感到底是什么东西？易感是一种感情细腻的开放状态。当你信赖某种情况时，你对那个情况不会有任何恐惧，而这会允许其他的恐惧从无意识里展露出来。从某个角度来看，你是脆弱易感的，然而在另一个层次上你却是放松的。

因此我们会发现，信赖和某种放松的状态，某种不再有紧张和焦虑的状态相关。它和头脑的安详、心的安详、情绪体的安详有关。头脑的安详与心的安详是息息相关的。安详意味着不再需要防卫或保护，那是一种安住的能力，一种不在乎事情会怎么样的态度。换句话说，你不再需要拣选或压抑了。爱的经验就是一种安全感，你会真的感受到一份信任，你的心有一种宁静和平的感觉。

这样的情况暗示着我们所谓的仁慈或心轮的能量中枢在那一刻打开了。当它打开时，它和脑子中间的能量中枢是相关的。这两个能量中枢可以被看成是一个。心轮是绿色的，而头部是蓝色的。绿色会带来情感上的安全感，蓝色则会替心智带来安全感。信任与友善及仁慈的能量相关。当绿色的能量中枢开放时，信任就产生了。它如果不开放，通常不会有信任。一个人可能认为自己是有信任感的，可是却无法体会到它，因为仁慈之心如果没有生起，深层的信任就不会产生。

到这里我们会联想起安全、受创以及允许自己呈现出脆弱一面的议题。当你允许自己脆弱时，仁慈的能量中枢就打开了。如果我们发现某人对我们很仁慈，我们难道不会信任他吗？爱情本身有时并不足以促成信任，只有当一个人以友善和仁慈对待我们时，我们才会以信任回应他。这意味着对方的绿色能量中枢激发了你的能量中枢。所以，信任和仁慈是来自于同一个能量中枢。

信赖、仁慈与真相的关系

现在我们要将绿色和金色的能量相连，这是与真相相关的一个能量中枢。我们发现在不同层次的信任之中，有的会涉及到真相，有的则忽略了真相。譬如说，某人的心轮永远是打开的，或者大部分的时候是打开的，而这样的人很容易信任别人，即使是不可靠的人。你们都很清楚下面这种情况——你很信任某个人，最后却发现这个人是不可靠的。会发生这种情况是因为心轮打开了，但头部的能量中枢还没打开，所以无法产生客观的信任。你虽然有信任的能力，却没有智慧，没有辨识力。

如果在童年时你很信任别人，而你的信任通常都被证明是对的，那么你就会以为自己可以信赖每一个人。由于你的信任缺乏真实的认识，因此别人很可能轻而易举地盗走你所有的钱。你学会信任是因为你的心没有受到太大的伤害，这类的信任是盲目的，它时常奠基于信仰之上。信仰会使一个人愿意将自己奉献给某人或某事，他们有能力开放自己的心去信赖别人，不过这份信任是奠基于信仰的。他们并不确知那个人是否值得信赖。

一开始，信任的本质跟心的开放及善意有关。如果你生起怜悯心，比较容易信任。或者当别人对你产生同情时，你也比较容易信任。然而就像我刚才说过的，仁慈是一扇门，它可以带你进入更深的东西——真相。这时信任与真相便产生了联结，然后你才有能力以客观的角度去信任，而这份信任是奠基于你当时的真相以及你真实的觉知之上的。它奠基在真正的认知、直接的觉知和当下的经验之上。

我们现在正在讨论的是，某些人的信任并没有真实的认知。从另一方面来看，某些人则完全无法信任，除非他们亲眼看见了真相。但如果既能看见真相又有能力信任，那份信任就会变得非常坚定。第一种人很容易受伤，第二种人比较不容易受伤。但这并不意味第二种人比第一种人要高明。从终极的角度来看，信任与仁慈及真相息息相关——绿色的仁慈能量及金色的真相能量是相连的。

信任、仁慈和真相之间有许多关联。仁慈可以导致真相，真相可以导致信任。真相也可以使我们生起对自己和他人的仁慈之心。你自己的局限可能会让你经验到某种品质而忽略了其他的品质。因此当本体逐渐被揭露时，真相可能在仁慈和信任之后出现，但也可能在之前出现。

当你逐渐察觉真相时，创伤的议题就会呈现出来。与真相联结的仁慈，并不是那种渴望帮助人减轻痛苦的一份同情。这里所说的仁慈意味着心轮的能量打开了，你相信自己有能力、有意愿去体验心底的创伤，以便看到真相。客观性便是真相。你必须让自己去经验心中的创伤，这样你才能看到真相。因此，当我要你们去经验心中的伤痛时，我不是在故意让你们受伤。慈悲的作用乃是要让你产生信任。这份信任可以帮助你体验你的创伤，使你看到真相。只有慈悲能促成信任，使你有能力承受痛苦，帮助你看见真相，并且和痛苦合一。最后要达到的便是真相。对痛苦的怜悯只是最肤浅的慈悲。然而慈悲确实跟痛苦有关，不过慈悲并不是为了减轻痛苦，而是要发现真相。

觉察真相是最深的一种信赖

现在开始进入我以前提过的第三个层次的信任。还记得我曾经提过信任有三种层次，处在第一种层次时，你信任那个人不会伤害你；处在第二种层次时，你相信那个人是为了你好；处在第三种层次时，你开始对那个人产生了客观的信任。客观的信任跟真相有关。你知道那个人是客观的，是致力于发现真相的。你对他产生信任，是因为你认清了他的真诚。基于这份信任，你愿意让自己去感受心底的伤痛，即使你一时还无法认清当下所发生的事对你有益。觉察真相是最深的一种信任，因为真相能超越受伤或不受伤，感觉好或不好。

当然，看到真相并不一定会使你对真相产生信仰。会令你产生信仰的，乃是对真相的一份珍惜。假设你看到真相但并不珍惜它，你也不一定会感受到开放和信任。因此信任真相会带来对真相的珍惜，然后心轮就打开了。心轮是通往本体的一扇门，它会使你发现更深的真相，也就是绝对真相。

学生：所以奠基于真相的信任，的确有一份不同的品质。回想一下我的人生，在某些阶段里我对这个世界确实感到同情，但那份同情是非常情绪化的。因为那是从不同阶段的创伤经验中孕育出来的。可是我现在不再那么轻易就感到同情了。我的意思是，我的同情之中已经有了某种客观性，也许这跟你提到的那两个能量中枢有关。我开始很清楚地看到，慈悲确实和见到真相有关。它跟同情是截然不同的。

阿玛斯：确实如此。慈悲是更客观的。一开始，你的心轮可能因为突然开放而感受到对每一个人的仁慈之心。这是很好的。大部分时候这都是很好的现象。但是当你到达更深的层次，也就是客观的层次时，你会很清楚什么时候应该给对方情绪上的同情，什么时候最好不要给出来。在这种客观性之中，你可能会变得非常无情，甚至一点同情的感觉都没有，但这仍然是一种深层的慈悲。这是超越同情的一种慈悲，而这种慈悲就是解脱的行动。一开始，人们会认为慈悲就是想减轻或解除别人痛苦的一种感觉。更深一层的慈悲则是，不论你是否有感觉，你都采取行动。最后一个层次的慈悲却可能涉及到伤害某个人的感觉，或者当你看到对方在痛苦时，并不立刻消除他的痛苦。有时他们需要那份痛苦来认识自己。他们或许真的需要去学会什么是慈悲。如果你除掉了别人的痛苦，他们可能就无法领会慈悲是什么了。

我们同时也谈过，最客观的慈悲一定跟看见真相有关。一个人是否感到受伤并不重要，重要的是那黄金一般的真相是什么。慈悲真正的能量就是对自己产生真正的信任。凭着它便能超越痛苦和快乐。这便是真相。你最终只能信赖真相——你自己内在的真相、别人内在的真相或某种情况的真相。慈悲就是为了真相而存在于真相中。这就是为什么从深层的慈悲中所产生的行动，对某些人或是对外在世界而言并不慈悲。它们甚至看起来是残酷的，却可能是最仁慈的东西。人们经常以看似仁慈的方式来采取行动，但其实是不慈悲的。

你必须和心中的真相有所接触，才能发展出深层的慈悲。当你触及到真相并能体现出真相时，慈悲自然而然会产生。你就是这么自自然然地运作着，不论人们是否感觉受伤。重点就在于真相是什么。重点就在于真相及本体的发展。这才是最客观、最终极的判断标准。当然，在一般的情况之下，不伤害别人的感觉是对的。你为什么要做出一些伤害人的事呢？除非他们真的在自己的心地上下工夫，并且真的是在探索心中的真相，否则他们不会因为感觉受伤而有所学习。你只是在加深他们的痛苦罢了。

因此我们可以发现，信任和慈悲是相连的，它们几乎是同一个东西。慈悲会导向信任，而信任又会导向慈悲，两者都和真相息息相关。感到受伤或脆弱是在过程中所发生的事，当某些人从信任进入真相，或是从真相进入信任时，都会经历到这些感觉。

第九章

本体就是生命

你想要的到底是被爱、被欣赏、被了解，却活得很悲惨，还是想独自一人、无人眷顾，却活得很快乐？这是每个人必须作的选择，这才是真正的独立自主。真实的体悟意味着你的本体完全不依赖外在而活。全世界可能都在反对你，但如果你就是你的本体，你仍然会感到满足。

本体就是承诺，本体即是生命本身。本体是我们最深沉渴望的一种圆满。本体能回答我们所有最根本的问题，绝对如此，没有例外。它是生命最根本的核心，也是最难解的东西。你一旦体认到它，它会变得更难被接受。

当你初次来到我们这里时，你所感兴趣的不外是得到某些东西，或是去除某些东西。这都没什么问题。日子久了，你开始有能力运用你从内在工作中得到的理解，那时你就会认清，你大部分的痛苦恰巧源自于上述的态度，而这种态度是必须改变的。内在工作不是要去除这个或得到那个，你必须改变的是某个更根本的东西。你内在有某个部分必须开始运作，不是那个一直想得到或去除某些东西的部分，而重点也不在于你想得到或去除的是什么东西。

如果你深入于自己的内在，去了解你的心、你的存在、你所处的情境以及你的痛苦，你会发现除了存在、做你自己、成为你的本体之外，你是得不到什么满足的。存在便是解脱，存在就是圆满，存在即是喜乐，如果你重视的是其他的东西，它们都会阻碍你的圆满和富足。就像我刚才所说的，这是很难被人们接受的一件事。

圆满最终的意思就是从欲望中解脱

因为本体是每个人都渴望的圆满和富足，所以我们会把内在工作称为 Ridhwan。

Ridhwan 在英文里没有恰当的翻译，但是比较接近“满足”、“圆满”、“称心如意”。Ridhwan 这个阿拉伯文单词不但意味着满足、圆满或称心如意，同时更意味着正在圆满中、正在满意中或正在达成愿望中。它包含了静态及动态。Ridhwan 意味着借由存在而活出行动。

我们通常以为只要我们得到自己想要的或人格想要的东西，我们就圆满了，但圆满最终极的意思乃是从欲望之中解脱。我指的是，做你自己，成为你的本体。从人格的欲望之中解脱，才是真正的圆满。这并不是说证悟本体是为了得到其他的东西，不是说你一旦具足了本体就可以变得富有、坠入爱河或从此过着快乐的日子。你的本体不可能令你子孙满堂或功成名就。如果这就是你所抱持的态度，你的不满和痛苦一定会持续下去，因为你还没认清圆满到底是什么。

这便是我所谓的绝对原则。它的绝对性如同物理法则一样不可动摇。它和你的意见或是你的偏好都无关。因为真相就是如此。

然而我们总企图障蔽住这个真相，总想改变它，证明事实并非如此。阻碍我们理解和接受这个真相的原因，就在于缺乏客观意识。我们无法如实看见事情的真相，这才是最大的障碍——缺乏客观的觉知。我们总是被自己的无意识彻底操控，也就是说，我们看不见事物的真相，或者总是懵懵懂懂地在看事物，我们总是根据自己的恐惧和欲望来看事情；我们总怀着期待在看事情，但其实我们所看到的世界只是无意识的投射罢了。我们根本看不见世界的真相，看不见别人的真相，也看不见自己，因此我们的动机和方向都扭曲了，设定的方向也完全错了。我们总是根据梦想和意见而设定方向，这其实是受到了无意识的限制。

“客观”意味着如实地去看眼前的事物，不论你对它的感觉是什么。最困难的部分就在于，通常我们都认为自己的看法是正确的，而其实并不然。如果我们真的看见了事物的真相，那么真正的圆满便是活出你的本体。这是很单纯而明显的事。还有别的可能性吗？这就是最大的自由了。

客观意识是本体相当重要的一种品质：如实看见真相——不依据我们的欲望、信念和情绪而看。有许多理由会造成我们缺乏客观意识，因为整个人格的存在就是奠基在不客观之上的。今天我们要谈一谈支撑人格的幻觉或投射作用的某种机制。

婴儿期的融合状态，形成了投射的机制

投射是我们用来逃避内在真相最重要的防卫机制。投射通常指的是各种的负面情绪——敌意、愤怒、恐惧、忌妒等等。举例而言，一个神经质的人看似惧怕别人，但其实他害怕的不是别人，而是自己心中的愤怒和敌意。他非但没有看见心中的愤怒和敌意，反而将它们投射到别人身上了。他以为有人要谋害他,所以他害怕他们,然而真相是，他对别人、对自己都有一种严酷的倾向。这便是投射作用，也就是将内在的东西转移到外面去了。很明显地，如果你把内在的东西看成是外在的，你不可能是客观的。我们的投射决定了我们的行动、感觉甚至生涯规划。偏执狂是最为人所熟知的一种投射形式，但投射也有其他较为普遍的形式。有时你会将你的恐惧或忌妒投射出来，这样你就不必经验或承认它们。有时你会说，“看看这些懦夫”，但其实感觉懦弱的是你。因为你不愿意感受它，所以假装自己是强有力的。或者你把它投射到你的小孩身上，希望借由他们使自己的梦想成真。

在我们的团体里，每个人投射出来的大部分都是“超我”。我们不但不去感觉自己的自我批判或自我苛求，反而认为这是别人对我们的感觉，以为他们在批判我们，我们看不见我们其实是在批判自己。

投射作用是我们在婴儿期所发展出来的第一个防卫机制，它是奠基于“融合状态”之上的。那个阶段被称为共生期——从三个月到九个月之间——婴儿那时还无法区分自己与外在的环境，所以觉得自己和母亲是一体的，这便是所谓的“二合一状态”。婴儿和母亲在这个

时期是无法区分的，从孩子的观点来看，母亲的经验和他的经验是同一个。共生期如果出现愤怒，婴儿根本分不出是自己还是母亲在感觉愤怒。等到孩子逐渐脱离母体之后，便开始察觉到另一个人的存在，并且体认到自己原来是独立的个体。

虽然如此，早期的融合状态已经形成了投射的基础。孩子感到愤怒时，他并不知道母亲和他是不同的两个人，他认为是母亲在感觉愤怒，反之亦然。投射作用这么不容易被看透，是因为在融合状态时，我们的心智尚未发展到足以觉察当时所发生的事。当时你的心智和人格尚未发展。因此现在你在投射时，其实是在前语言、前意识的层面运作。你的心智根本不涉入其中，投射作用是自动发生的。这就是为什么我们会把自己的经验当真的原因——因为我们无法区分外在与内在。

除了形成投射——譬如我们刚才讨论过的超我的投射基础之外，婴儿在共生阶段的融合状态还有另一个重要的面向，我们称之为“负向的融合”。当孩子和母亲一起体验到负面情绪时，整个世界在婴儿的感觉里都是负向的。婴儿无法跟母亲分开，所以在融合状态里，整个世界都是愤怒、挫败、恐惧。跟母亲一起经验到的负面情绪，会逐渐结合成有别于正向经验的一个独立的东西，而这个东西又会形成超我的负面批判。你会将超我投射到外面，因为一开始内外是同一个东西。当你经验到负向的融合状态时，你无法区别内在和外在的真相是什么，你比较相信那是外在的东西。所以，为了穿透超我，你必须探入到前语言的、混乱的、地狱般的负向融合状态。一旦探入到那个部分，一定会感觉彷徨无助，你不知道发生了什么事，里面根本找不到稳固的立足点，上下左右都是泥沼。这是你会经验到的一种状态，里面的每一件事都是负向的；但如果能充分地体验它，完全不去对抗它，某种本体的状态就会浮现出来，它能帮你穿越如地狱般的负向经验。

到目前为止，我已经阐明了为什么融合状态是投射的基础，而负向的融合状态则是超我的基础。当然，融合状态并不完全是负向的，里面还有跟母亲的正向经验，一种满足的愉悦感和爱的经验。不过要切记，这仍然是一种融合状态，你和母亲仍然是没有区别的。如果你体验到对母亲的爱，你会以为那是母亲对你的爱。当你体验到爱时，整个世界都变成了爱。你以为母亲很爱你，然而母亲真正的感觉却可能是空虚、匮乏和执著。身为孩子的你并没有能力反观，你只能感觉自己所体验到的一切。如果说负向的融合状态造成了我们对自己的负向投射，那么正向的融合状态也会造成我们对自己的正向投射。负向的融合状态是我们人格的基础，它就是我们的人格；正向的融合状态则是我们的本体。基于婴儿期的二合一经验，我们会把我们的本体——爱、价值、圆满、丰足之类的正面品质——与融合状态相连。这又会促使我们去追寻，追寻一个能带给我们爱、价值感、肯定、欢愉和满足感的"好母亲"，然后跟她进入完美的融合状态。

恋爱使人开始贴近自己的本体

所以我们不但把自己的超我向外投射，同时也投射出了我们的本体。我们总是把自己最好的东西看成是外在的东西，但这件事并不会经常发生，只有当你恋爱时它才会出现。你是否还记得当初在恋爱时，你的对象似乎充满着爱与光明，真是美妙极了，对不对？但几个月过后你却开始怀疑，那些爱、光明及美好的感觉都到哪里去了。你以为那是因为她不再爱你了，但真相并非如此。一开头的美好品质只是一种幻象罢了，那是你自己的本体的一种投射，但并不意味你的伴侣没有自己的本体，而是你看到的并不是真相。你只是把你的本体投射到她的身上了，因此，本体才是你真正爱恋的对象！

人为什么会恋爱？人会恋爱是因为当心打开时，你就贴近自己的本体了。接着无意识或人格便开始出来阻挠，因为贴近本体对它是一种威胁。这就是为什么你会将本体投射到某个人身上，然后和他谈起恋爱来。这意味着你无法忍受自己的开放状态。如果你回想一下恋爱时的感觉，你会发现那是一种美好的、扩张的高峰时刻。适合的人突然出现，于是你恋爱了。也许你跟这个人已经相识五年，可是从不觉得她有多么美好，突然她拥有了所有的优点，阳光全都照向了她！看看她的眼睛！难道你见不着里面的星星吗？你看不见她的温柔吗？为什么你以前没看见这些东西？你可能会说："我只是从未认清她的真相罢了。" 其实你是在她的身上看见了自己的真相。当你的心打开时，确实比较能看见另一个人的本体。那突如其来的美妙感，的确是你本体的投射。你早就具足了它，却认为她拥有它。这就是你在恋爱时所发生的事。

如果你越来越能觉察到自己的本质，自己的本体，正向的投射就会开始产生。在这之前你所能知道的只有你的人格，而它也是你所投射出来的。一旦开始体认到你的价值、你的爱、你的本质、你的仁慈，所有的问题都会从无意识里冒出来，阻挠你对本体的认识，这会令你更想把它投射到外面。

你们之中有许多人都发生过这种事。这跟谈恋爱的过程是相同的，不过这种扩张经验是从内在工作产生的。当你的心扩大时，你会发现你就是爱的本身，你会开始欣赏别人身上的某些品质，但这些品质经常是不存在的。这又会使你看不见自己身上的这些品质，你不愿意在自己身上找到它们，只是一味地想把它们送走。

在我们这个团体里，有些人已经体验和回溯到很早期的前语言阶段，与母亲的正向合一状态。处在那种合一的状态里，孩子并不知道他的美妙经验不是母亲的，而是自己的。母亲通常会不时地对孩子表达她们的爱（如果这个孩子够幸运的话），但根据我的观察，大部分的母亲并不确知有本体的存在，至少不是一种连贯的觉知。

如果一个人深入于自己的内心，他会退回到早期的幼年阶段，他会进入深层的无意识，其中有早期融合状态的烙印。在那种共生状态里，母亲所有的美好品质都在里面了。正向的投射也许感觉很好，或者听起来像是一种十分美好的状态，但毕竟还是一种投射，因为仍然缺乏客观性。

投射是拥有本体最主要的障碍

投射，将某个东西置于某个客体之上，或者看见某个并不存在的东西，其目的很显然都是自我防卫。跟融合状态相关的投射，大致说来有三种层次或三个种类，重点就在你是从哪个层次运作的。第一个层次是无法分辨你或他人的一种融合状态，你会经验到无比美妙的合一感。当合一状态重新被激活时，这种情况就会出现。在这种融合状态里，另一个人有没有参与并不是重点，那个人很可能什么感觉也没有，可是你却充满着与他合一的感受，而且你会相信那个人也在经验相同的东西，这是最根本最深的一种融合的层次。

第二个层次会晚一点出现，里面的分别意识也比较明显。这时你不再感觉到彻底的融合，你会投射你的某个面向——譬如价值感——到某人身上。你会在那个人身上看到价值，所以你很想跟他合一。这便是所谓的投射式认同的基础，这种投射作用也会产生负面影响。你可能会投射你的恐惧到某人身上，然后认同那个人，进而感染到那个人的恐惧。如果你仰慕某人，或是崇拜某个偶像，这类事就会发生。你会把某些人理想化，然后沐浴在他们的阳光里。然而阳光其实是你自己的，但是你不愿意承认那是你的，所以你说，“喔，这里有阳光，让我做个日光浴。这种感觉真好！”另一种投射式的认同，涉及的则是投射出某些情绪，然后无意识地用这些情绪来操控对方，使对方也被这些情绪所感染。

第三个层次是一种单纯的投射。你并不清楚自己在投射，你只是投射罢了。“这个人对我十分光火。这是他自己的愤怒，跟我一点关系也没有。”无论你所投射的东西是你想要的或不想要的，你都只是一味地投射罢了。

因此，重点就在于你是从哪个层次运作的。你可能只是在单纯地投射，或是处在一种投射式的认同状态，或者处于一种融合状态。此外还有负向的影响、正向的影响或本体自身。投射或投射式的认同，往往是拥有或整合本体最主要的障碍。你一直认为你尚未充分具足它，除非能够和某个人在一起，否则你是无法拥有它的，或者你会认为别人拥有的本体比你多。我知道有些人其实已经相当圆满了，但他们却认为那是因为某人爱他们的缘故。或者他们以为某人已经证悟了本体，因此说：“我想和他一样。如果我能得到一点点，我就会快乐了。”其实他们早就具足了！这样的想法只会令他们失去本体，不断地想找个妈妈，进入那种融合状态里。

这件事是非常微妙的，它的微妙之处就在于，我们对本体的觉知非常接近我们对某种情绪状态的觉知。你们之中有许多人都已经认清，本体并不是一种情绪状态，它不是一种情绪。本体就是“存在”。它只是这么真实而稳定地存在着。大部分的人都无法理解这一点，所以你们会错把本体当作是一种情绪状态。

做自己、活出本体，是独立于所有的事物之外的

当你真的经验到本体时，你可能并不珍惜它，理由有好几个，其中的一个是，从内在工作里我们很容易就能获得这份体认。你们来这里一两年之后，就会开始经验到你们的本体，这件事一向被认为是非常难达到的，而你却轻而易举地体会到了，所以你反而不珍惜了。我们的文化是物化的，付的钱越多，似乎越能买到好东西。假设你不必

花很多钱就得到了某样东西，你反而会认为它没什么价值。同样的情况也会发生在你的本体上，因为你很轻易就体会到了它，所以大部分的时候你认不清它的重要，也不珍惜它。你无法领会缺少了本体你什么都没了，缺少了本体，剩下的只会是痛苦。

这就是为什么有时我认为我们应该改变作风："也许我应该让他们下十年以上的工夫，才开始谈本体的事。或许这么做他们就会珍惜它了。"在过去，人们一向采取这样的方式。古时候的老师会让他的学生五体投地长达十年以上，他要他们下苦功，一次又一次地失望，直到他们的自我完全化为尘土为止。只有如此，他们才能证悟到自己的本体。或许我们的学生也会说："太美妙了！这是在我身上发生过的最美妙的事！我下了十年的苦功，现在终于有收获了。我终于能享受它了。"

你不珍惜你的本体，还有另一个更普世性的理由。我们经常谈到人的痛苦是因为环境里缺乏爱，缺少支持，没有给你爱，没有回应你的需求，没有看到你的价值，而这些都是真相。可是我们并没有认清更根本的问题是什么，因为人最大的灾难并不是缺少爱和支持。第一个出现的大灾难就是失去了和本体的联结，这件事比你的父母是否爱你重要多了。因为失去了本体，所以失去了本自具足的爱。你的价值没有被认清，没有得到回应，所以无法和自己本有的价值联结。小时候当你感到开心时，却遭到敌意、批判或不赞同的回应，所以你只能切断或斩掉自己的价值感，于是就失去了它。结果你以为必须得到别人的认同才能拥有它。你以为获得某个人的赏识，你才有价值。

你为什么要在乎别人是否认同你呢？如果你的本体必须仰赖别人的认同，别人的观点，它就不可能是自由的。检视童年所发生的事，为的是认清我们是如何失去它的，如何才能将它拾回。如果我们一直认为必须从外在获得以前没有得到的东西，我们就会继续做那些我们做了一辈子的事！这才是人之所以会痛苦和不幸的原因。因为我们的环境不友善，不仁慈，缺乏爱和支持，所以我们认为可以从一个有爱、有慈悲、有觉知、又能欣赏我们的环境里获得满足。其实我们真正想要的是重新拾回那种正向的融合状态，否则我们是不可能感到快乐的。“我必须找到一个爱我的人，找到一个懂得我、珍惜我的人。”这么做一开始是有用的，但如果继续倚赖它，这种行为就会阻碍你拥有自己的本体和做你自己。做自己，活出你的本体，应该是独立于所有的事物之外的。我一开始就说过，本体便是生命本身，本体即是圆满，它不是外在环境，也不是任何一种情况，更不是一种工作。它就是你的本质。

人格只是一个想取代本体的冒牌货

当我们开始觉察到自己的本体时，我们也会在别的地方看见它的踪影，并且会把某种情况或某个人理想化，然而一切都不是我们所想象的那样。原因是，早在童年时我们的本体就丧失了，父母认不清我们的价值，无法珍惜我们的存在，于是我们从此便失去了自己的价值感。那个最纯粹而绝对的价值不见了，结果便造成了匮乏，留下了许多坑洞。本体的状态一旦被阻绝于外，结果就是我们所谓的坑洞、匮乏和不足。我们会企图拿外在的价值来填补坑洞，我们无法认清那份价值本来是我们自己的，我们只是跟它失去联系罢了。

还有一种更复杂的情况，那就是我们会制造出假的价值来填补坑洞，假装自己是有价值的，而其实并不感觉到它。失去价值是非常痛苦的感觉，因此大部分的人都会制造出虚假的本体，去掩盖住那份匮乏的感觉。这便是人格的组合体——本体的虚假品质，所以我们称人格为假珠宝。每个人都还保有一些对本体的记忆，所以自然会想去模仿它，形成一些造作、信念以及跟本体非常接近的某些感觉。一段时间过后，我们就会开始欺骗自己和别人，有的人做得比较过火，有的人欺骗的技巧比别人高超。总而言之，人格只是一个想要取代本体地位的冒牌货。本体的这些虚假特质——我们称之为“结晶化的人格”——经常可以在那些有成就的人身上看见。他们都认为自己已经有所成就，而且似乎已经具足了信心、慈悲和自尊，但其实都还是一些虚假的品质。他们不但说服了自己，也几乎完全说服了别人，所以每个人都把虚假的品质当真了。

我们一开始跟自己的本体联结，可能会变得有点天真无知。譬如说，我们感受到自己的价值，但是又遇上外在世界的虚假价值，这时我们可能会认为真正的价值是在外面。我们一开始体认到爱，或是看见别人身上虚假的融合之爱，就可能会说：“这个人已经证悟到了。真是太了不起了！”这时我们需要的就是一些能认清真相的客观意识，特别是我们都有一些无意识里的理由。只要你认为某个人已经发现了本体，或某种情况里有融合的境界，或者某个团体、某个特定的思想体系拥有了它，我们就很难察觉自己早已具足本体。

我们会认为：“如果我是唯一具足本体的人，我一定会变成孤单一人。”没错，你确实可能变得孤独，不过是孤独而快乐的。但这并不意味你必须独处，而是在独处时必须心甘情愿，因为那是拥有本体必须付出的代价。迟早你都会面临这个选择的。你想要的到底是被爱、被欣赏、被了解，却活得很悲惨，还是独自一人、无人眷顾，却活得很快乐？这是每个人必须作的选择，这才是真正的独立自主。真实的证悟意味着你的本体完全不依赖外在而活。全世界可能都在反对你，但如果你就是你的本体，你仍然会感到满足。

我们这里所做的事是很根本的。我们不是在玩游戏，不是从这里得到一点东西，从那里得到一点东西就算了。本体便是所有的解答了。你必须了解并且完全接纳这个事实。其他的方法都没什么用。半调子的态度是行不通的，你必须绝对地贯彻到底。一旦了悟了本体，那么即使面临死亡的威胁，都不会受影响。谁在乎呢？生或死又有什么差别？别人如果不喜欢你，那又何妨？这一切对你而言都是相同的滋味，你不会为了顺应别人的观点而改变自己。事实上，除非你能承受你的孤独、独立性和尊严，否则你根本无法拥有真正的亲密关系。这才是真正的自由。

只要你还想从外面得到某些东西，你就不会感到满足，因为你还没完全拥有自己；如果还没完全拥有自己，你怎么可能是完整而圆满的？如果你还认为只有在恰当的情况出现时才能拥有完整的自己，你怎么可能变得完整和圆满呢？凡是有条件的东西都不是你的本体。

发现自己的真相，尽己所能地依真相而活

总而言之，我们需要一些客观意识才能了解本体便是解答，本体即是圆满，本体就是 Ridhwan。从其中自然会生出你和别人真正的价值，然后从那份理解和价值之中又会生出真正的纪律，也就是一种对本体或本体生活真正的保障。我们的世界并不支持它。我们的周围充斥着反对这种人生方向的压力。当你经验到本体时，它是需要被保护的，你必须找到自己的城堡。你的城堡是为了真正的纪律而建立的，它“就是”真正的纪律。本体确实有某个面向被称为“城堡”，它才是你本体的保障，有了它，你的本体才能被留存下来，得到发展，进而有益他人。这才是正确的生活方式，所以城堡必须存在。你不可能一接触到本体，便自动脱离了泥沼。你必须采取行动，依真理去生活，而真理就是你的本体、你的真相、你真实的情况和你的局限。在生活中，这些都是必须考量的问题。外在的对抗力量太大了，你有责任好好保住本体，你真正的本质。如果你还是个孩子，你会凡事依赖外在，不过你现在有个机会可以一边经验本体，一边保护它。

如何才能发现真正的纪律，如何才能发现你的城堡？从本质上来

看，真正的纪律指的就是运用意志为真相效劳，也就是将意志和真相融合在一起。这意味着本体的意志是为本体的真相效劳的，换句话说，你的意志不是为人格效劳的。你必须弄清楚该怎么做，必须发现自己的真相，然后尽己所能地依照你的真相去生活。这件事不是轻易就能办到的，你必须负起责任，才能体悟真相。

你要善用你的真相，同时要运用你的意志。要做到这一点，你的意志和你的真相都必须是客观的。我在前面已经说过，客观意味着不被你的情绪状态或是无意识影响。你要用客观意志来为客观真相效劳。用你的意志为客观真相效劳意味着客观地去看事物的真相——不是按照你的情绪，不是按照你的信念，也不是按照你的梦想。你必须看见事实是什么，事情是如何在进行的。这便是“客观”的真谛：按照事实和真相而活。

若想更有效率的话，那么意志和真相不但得客观，还必须具备一种普世性。“普世性的真相”指的不但是你的真相，也是所有情况的真相，所有事物和所有人的真相。此外当你运用意志力时，这份意志的运作不仅仅是为自己，也是为了整个本体。你要认清，若想真的活出一种能保护和滋养本体的生活，你就必须考量每一件事和每一个人，而且这份考量必须是普世性的。如果意志和真理调和一致，并且都具有客观性和普世性，那么这股意志力就是你的城堡了，它能保护那甜美而又圆满的 Ridhwan。Ridhwan 有时也被称为“天堂的守护天使”，它是细致而柔弱的。

我今天所说的一切，是每个人必须经过一番努力才能得来的。事实就是如此。你唯一能做的只有改变你对自己的观点，也就是要摆脱你的人格。

第十章 奋斗的价值

奋斗指的就是你内心的摩擦，摩擦会使心中的某个部分越来越甜美。我并不是说要耽溺在痛苦中，为自己制造痛苦；而是要着手解决当下每个情况里的问题。生活中所有的情况，你都要彻底加以理解，对眼前发生的事，也要尽力去观察和体验。你在奋斗的时候，就是在跟自己打交道，你会认识你每一个细微的部分。

首先我要厘清内在工作某个面向的价值，因为有时我们会忽略它。我指的就是我们所谓的“奋斗”（struggle）——对自己奋斗。大部分想做内在工作的人，都希望别人能卸下他奋斗的责任，交给他一些容易的方法。结果就会造成葛吉夫所谓的“愚蠢的圣人”，另一个名称是“快乐的植物人”。如果你真想做个“快乐的植物人”，那么不妨去找一个能卸下你奋斗的责任，使你变得轻松愉快的老师。许多人都会不知不觉地渴望被某个老师拯救。如果老师真的拯救你，你一定会失去某些东西，失去奋斗所带来的价值。

某些学生只要一感觉到生活中若有所失，就会跑来找我。这些人不了解奋斗的价值，总认为有问题只要问我就行了，他们不会为自己思考，无法追根究底。他们时常会说：“我的生活里出现了一个问题，我该怎么办？”你该做的就是靠自己去解决问题，而且要尽力与独立地解决问题。真的去奋斗，真的去对治它，经验它，尽量去了解它。如果你真的尽全力去解决问题，最后还是技穷，那时你就可以把那个烫手的问题带来我这里，然后你就可以问问题了。

所以和老师接触有两种方式。一是希望老师能解决你的问题，二是善用老师，不去期待他能解决你的问题，或是提供一些能使事情变得更好的方法。他只能在你奋斗的过程中推你一把。

如果你从未努力思考过某个问题，那么即使老师把答案送给你，你也无法消化。在消化答案的过程里，你的奋斗也会发生同样的情况。对我而言，认清或解决某个问题都不难，但是你必须拥有自己的见解，才能得到最真实的解答。我可以说一些让你回家以后感到很快乐的事，但是你仍然无法体现出那个解答。那不是你自己的答案，你并不是真的了解它。如果无法体现某个东西，你仍然是盲目的。

或者你可能会做得很极端，每天你都去找一个问题，然后说："太好了！又找到了一个问题！可以去问阿玛斯了！"你当然可以来找我，我也会友善地对待你。我会告诉你这个或那个，而你也可能得到某种洞见或解答。但经过一段时间之后，你会像需要母奶一样地需要我，少了我，你什么也不会做了，结果是你不但无法体现出自己的领悟，而且会完全依赖我。最后你会变成一个需要别人每天替你浇水的"快乐植物人"，如果得不到水，你就会枯萎。

即使你的奋斗看上去非常困难和痛苦，但仍然是十分有益的，这是从全面去看你的内在工作。如果只从某个角度去看，奋斗就像是一种内在的燃烧过程。当然,你也可以选择做一个"愚蠢的圣人"或"快乐的植物人"，不过这么一来你就无法成为真正成熟的人了。

奋斗是人生历程的盐，缺少了它，成就会变得淡而无味

我的工作不是要除掉你的问题，给你一些好吃的东西。我的目的是要告诉你如何与问题奋斗，解决问题。我要告诉你如何酿酒，种葡萄，如何照顾它们，榨葡萄汁，使它们变成酒。你必须学会酿自己的酒。如果我帮你做这件事，你势必会不断地向我买酒，但如果你能善用我，学会如何酿酒，你就能变成真正的成人，这才是内在工作的真实目的——变成一个不再需要别人喂养或灌溉的成人。

许多人都觉得自己有各式各样的烦恼，而且总想排除这些烦恼，但这并不是我们这里的工作方式。某些事确实得解决，解决的方式有一定的程序，其中的一部分就是要奋斗。你可以把你的奋斗视为跟烦恼搏斗，也可以把奋斗本身视为一种烦恼（其实并不是），重点就在允许你的心接受冲突和困难。与人格的这一场搏斗最后一定会让本体

显露出来，别的方式都无法达到这个目的。

人们有时会抱怨：“为什么内在工作这么困难？为什么我会有这么多问题，这么多痛苦？”答案是，你没有从正确的角度去看待事物。没错，你确实有痛苦，但是你把它看成了一件坏事。只有当你把这件事看成是烦恼时，它才会变成坏事；假如你把它看成是学习的机会，它就会变成一种单纯的化学反应。在一个化学实验室里，你有各种不同的材料，譬如本生灯，以及在燃烧、蒸馏、液化、凝结的过程中必须用到的工具。你可能会说：“我不喜欢这个加热的过程，我要除掉它。”如果你真的除掉它，如何能产生化学反应呢？你可以想象一个没有火的化学实验室是什么模样吗？缺少了热，什么事也不会发生的。

如果我卸掉了你的奋斗过程，我就是残忍和不慈悲的。如果你去除了你的奋斗过程，你就是在危害自己。你必须从正确的角度去看待这件事，并且要深入其中去了解它。这么做便是在成就自己，你的工作就是要成就自己。最深层的了悟，最真实的满足，最持久的成就，都必须是个人的经验。它们有一种情感上的私密性，它们是属于你自己的，它们和我及别人没多大关系。你最深的内在奋斗以及个中的滋味，就是你最大的价值。没有人可以为你做这件事。奋斗是人生历程中的盐，缺少了它，你的人生会变得淡而无味，成就也可能是淡而无味的，你不会珍惜它们。缺少了盐，缺少了奋斗，你的了悟不可能深刻，也无法体现出它来。

奋斗就是你内心的摩擦，摩擦会使你心中的某个部分越来越甜美。我并不是说要耽溺在痛苦中，为自己制造痛苦；而是要确实解决当下的每个情况里的问题，负起责任，真的去面对它，不论它是什么。生活中所有的情况，你都要彻底加以理解，全心全意地深入其中。对眼前发生的事，你要尽力观察和体验。你在奋斗的时候，就是在跟自己打交道，你会认识你每一个细微的部分。一定是如此的。

所以，奋斗最主要的价值就在于它能帮助你认识自己。它还有其他的意义，其中之一是，全心全意地去理解某一个心理议题，就是在发展你腹部的能量中枢——你的 kath——的一种方式。这种方式能落实你的体悟。然后你就会像一棵根基稳固的大树，强壮而健康，不断地得到滋养。一棵根基很浅的树，也能长出漂亮而好吃的水果，但是大风一来，它就被吹倒了。

此外，你在内在工作中的奋斗，往往能完整而真实地回应你心中最深的渴望，它就是对那份渴望的一种认识。缺少了奋斗，你只是活在一种肤浅的、毫无深度的、无法探入自己真实本质的状况里。你在某个议题上下的工夫越多，就越能成为一个深刻的人。如果别人把你的问题除掉了，或者未经真正的探索和理解很快就去除了它，那么你就是在剥夺那深入于自己的存在的机会。

本体的底端会因为奋斗的炖煮而变得厚实浓密

本体的状态也是同样的情况。你也许会通过某个问题或心理议题的解决，而体认到自己的价值，但这还不是结尾。如果能继续探索下去的话，你对价值的体认还可以更深入。就像杏桃汁，如果你炖它，它会开始蒸发而变得更浓稠。表面上看来，汁液变成了蒸气，似乎更淡了，但底端却变得越来越浓稠。本体也是一样的，表面上看起来越来越轻松，底端却会因为你的奋斗和炖煮而变得越来越厚实、浓密。

当然，对治生命的各种课题是更艰难的，不过这份艰难的工作，就是婴儿的本质和成人本质的区分所在。婴儿示现出的价值如同一块琥珀，一种轻盈的琥珀本质；成熟人的价值却像黑琥珀一样的深沉而厚重。缺少了奋斗的过程，我们是不可能成熟的。如果你停留在婴儿的层次，只要有乳房你就很满意了，那么你就会继续当一名婴儿，不可能长大成人。但婴儿一定会逐渐长大，他必须面对自己的人生，并通过解决困境的过程来认识自己。

假设你的人生出了问题，重点不在去除它，而是要和它共同成长。重点不在解决问题，而是要借由解决的过程而得到成长。因此你会发现，成熟跟成长、扩大心量及深化你的认识有关。

“实际地进行内在工作”到底是什么意思？我早先说过，奋斗就是人生历程中的盐，当你在处理人格议题时，你真的可能尝到盐的滋味；但是经验到本体时，它的滋味却是甜美的。人格就是那盐，与人格奋战，将会使你碰触到本体及本体的甜美。

来我们这里进行内在工作时，你向老师提出的问题必须是烫手的。如果某一天你生起了连自己也无法理解的一种感觉，不要立刻跑到老师面前说：“我走在路上，有人对我说了某句话，我感到很害怕。为什么我会感到害怕？”因为这并不是一个烫手的问题。

你要尊重你的心理议题，试着去了解、处理它们。当某个议题冒出来时，你要深入于其中，关注它、留意它、安住于当下，尽可能地理解它，把所有的能力都发挥出来。如果你很难理解那个议题，而且无法释怀，心中好像着了火一样，这时你就可以来问我问题了，那才是你最佳的问题。这样你才能善用你的老师。如果你提出那个问题，面对它，了解它，你会经历到别的方法所无法达到的转化，然后你就可以把你的体悟消化和吸收。如果自己不先去消化，就要我给你酵素，你如何能吸收呢？那就像是狼吞虎咽吃下去一大块东西一般，不论吃了多少酵素，你都可能会胃痛的。

如果你已经知道如何对治问题，就用不着老师了。老师的存在，是为了帮助你进入另一个内在次元，帮你导向不同的工作方式，一种更深入了解自己的方式。一旦具足了某种程度的内在修养，你就可以自如地运用那份理解了。当你在善用这些能力时，你所采用的知识会发出自己的火花，它会为你目前所处的层次制造出热能。你就用那股热能去了解自己正在对治的问题，直到你把你的知识、头脑、理解全都耗尽为止，然后你才把那个无法解决的问题提出来，这时老师的解答才能带你进入下一个层次，你还未经历过的层次。但首先你必须耗尽属于你那个层次的力量，然后才能看见别的东西。如果真的做到了这一点，你就会趋近下一个层次。这才是老师真正的功用。老师再加上一些洞见，往往能帮助你弹跳到另一个境界。

生命中遇到的问题，都是为你量身定做的

你可以利用老师来进行你的奋斗，或者也可以靠自己。你为什么要把宝贵的时间浪费在老师身上？为什么要浪费老师宝贵的时间呢？老师可以发挥更好的作用。靠自己的奋斗来解决事情，按照你的能力来解开人格的结，将会使内在工作变得更有效。觉察自己的匮乏，不去护卫心中的坑洞，也不作出防卫的反应，而是认清你所认同的是什么，并允许心中制造摩擦的问题在那个当下充分显现。这么做会溶解掉不纯净的东西，直到你心中只剩下真相为止。如果继续努力下去，新的能力和成熟度就会出现。一旦为自己负起责任，真的去面对和了解自己，你就拥有了生命本身。这便是你的实相，你的本体。这才是你亲身品尝到的滋味，闻到的香气，真正领会到的东西。

你生命中的问题并不是意外或偶然发生的，它们是特别为你量身定做的。你心中有某个部分爱你甚于一切，而路障就是它制造出来的，为的就是带领你回归到你自己。如果旁边没有人提醒你，你是不可能走对方向的。你心中设计出路障的这一部分爱你至深，它不希望你失去这个机会，它会以极端的方式唤醒你。如果你不听从，它会让你痛苦万分，否则它又能怎么办呢？这就是它的使命。它为你带来的痛苦和困难，绝对比不上奋斗所带来的成果那么令你感到满足。你可以把你的问题视为必须立刻解决的困难，而且是不必费力的，或者你可以从能够带你回归自己的那个部分来观察它们。如果你能够从比较正确、微细的观点来看待它们，那么新冒出来的议题就会有新的价值。它们

会提供你所需要的养分。

这整个过程都是由最彻底的智慧、慈悲及最纯净的动机所带领的。在你身上发生的最困难的事，如果从最深的层次来看，都是最慈悲的。和自己的这一场奋斗最终会带来所谓的“黑死”，也就是人格的死亡，但是你必须和它角力到底才行。然而这并不意味你要拳打脚踢、尖叫不已。奋斗和角力乃是一种理解的过程，我们真正需要的就是毅力和稳定度。你和它角力直到它终于放弃了斗争，那时你就得到了对人格的终极理解。一旦看到它的源头，它的核心，所谓的“黑死”经验——你就会发现死亡的核心才是最纯粹的慈悲。

第十一章 真理

如果深入于那份洞见，深入于那种满足感，并且跟随着那股香气，你就会看见那个香水瓶。如果你拥有了那个香水瓶，自然会一直闻到香气。只要你愿意，你随时可以打开它，享受它的香味。追求真理就是为了找到这瓶香水。

我要举一个人人皆知、但鲜少人理解的名言做例子，然后深入地探讨一下。这句名言就是：真相能使你自由。但人们为什么要这么说？此外人们也常说“追寻真理”，并且时常称自己为“真理的追寻者”。人们时常会把诚实、诚恳、真实视为一种理想，为什么？诚实为什么那么美好？谁说诚实是美好的？我相信母亲、学校里的老师一定说过这句话，对不对？他们告诉你不要说谎。但为什么不说谎会使你得到自由？大部分的时候说实话是会让人遭殃的。因此，人们对真理、诚实及诚恳的重视，到底是怎么形成的？这些观点从何而来？

我们要弄清楚的是，真相（truth）是否真的能使你自由。这句话你已经听了许多年，而且也相信了它，现在你表面上可能还相信它，但其实已经不然了。如果你确实认为真相会使你自由，那么它的效果应该早就产生了。如果你真的相信它，你会在人生的每一刻都尽可能依循真理而活。你应该早就发现到它，早就解脱了。因此，很明显地，你并不认为真相能使你得到自由，而只是在嘴上说说罢了。

从我们内在工作的角度来看，“真相能使你自由”应该改成“真相能解放真相”。真相确实能使你自由，但这又有什么了不得？我们从其中能得到什么？真相到底是什么？若想理解真相，我们必须先探讨什么是诚实、诚恳、事实或真实。“真相能使你自由”，这句话是什么意思？我说的“真相能解放真相”又是什么意思？

学生：耶稣曾经说过：“你必须知道真相是什么，真相能使你自由。”

阿玛斯：让我们来研究一下这句话：“你必须知道真相是什么，

真相能使你自由。”为什么是如此？假设我们说“今天是星期天”，这是真相吗？是的。但是它能使你自由吗？另外还有个例子：“今天是星期天，我是一个白种男子，我的发色很黑，穿的是一件蓝衬衫，我正坐在这里和你们交谈及探索真理。”这又能使我自由吗？

某个晚上，我在电视上看到一出肥皂剧，其中有个人对另一个人说：“你为什么不告诉我真相？”那人答道：“那不能说是真相。那些都是事实。事实（fact）和真相是不同的东西。”她是对的，事实和真相不尽然是同一种东西。今天是星期天，这是个事实。我正在和你们说话，这是个事实。我们正在探索真相，这是个事实。现在是早上，而且是阴天，也是个事实。这些事实和能够使你解脱的真相，是同一种东西吗？如果它们是不同的，那么能使你解脱的真相又是什么？

真相不仅是事实，更是一个完整的画面

现在让我们再研究一下“诚实”（honest）和“真实”（truthful）这两个词。通常当我们说自己很诚实的时候，意思就是我们没有说谎。我对你很诚实，因此我告诉你的都是实话。此外，你也可以对自己诚实，不对自己说谎。让我们再深入一点。当我们和某个人说话时，我们可以告诉他事实，也可以告诉他所有发生的事。譬如你知道自己的某个事实，而你觉得做个真实的人就是把那个事实原封不动地告诉另一个人，但说出这样的真相，真的能使你解脱吗？

假设现在是 1940 年，你所处的环境是由纳粹掌控的德国，他们正在捉拿犹太人。你听到有人在敲门，你的某个犹太朋友出现在门口，他问你：“我能不能在你家躲一躲？”他是你的朋友，你知道他如果被发现一定会受苦，也许会被关到集中营里，于是你就把他藏了起来。不久，盖世太保来敲你的门，他问道：“某某人是不是在你这里？”

在这个节骨眼上到底什么才是真相？如果你说："是的，他确实在这里，我把他藏在我的地窖。"这样的回答是诚实和真实的吗？你是一个真理的追寻者，不是吗？你深信真相能使你解脱，那么你会不会把真相告诉盖世太保，会不会想起你的灵修准则，然后告诉自己："我是诚实的，我永远不能说谎，否则就不能证悟了。"于是你就把一切都告诉了盖世太保。这算不算诚实？这个例子虽然举得有点夸张，但颇能切中要害。

另一个例子是在我们上次的聚会里提出来的。莫莉想跟妹妹讨论内在工作的事，但是当莫莉开始谈论时，妹妹却变得非常愤怒，充满着防卫心，根本听不进任何的话。莫莉知道妹妹会有这样的反应，是因为她对父母还有些不满的感觉。这时如果莫莉说："你不想听我说话，是因为你还在生妈妈的气？"那算不算是一种诚实的表现？

学生：是的，但也可能是一种攻击性。

阿玛斯：那么诚实到底意味着什么？我们现在已经看见，一般所谓的诚实都有它的局限。它并没有将所有的真相纳入考量，那是一种超我的态度，一种泛道德的态度，"如果你说出真相，你就是好人；如果不说出真相，你就不是好人。说出真相，你会上天堂；说谎的话，就会下地狱。"我们往往会发现，在学校里所学到的原则并不真实，我们体认到还有一个比朋友藏在地下室更大的真相。这个更大的真相就是：那人是盖世太保，而你的朋友是犹太人，如果盖世太保找到你的朋友，他们一定会杀掉他。因此，哪一种才算真正的诚实——说出真相，或是考虑更大的真相，整个情况的真相？哪一种才是更真实的说法？在这个盖世太保的例子里，答案是很明显的。

我们可能会发现，依照真理而行动，显然比有问必答更重要。以莫莉的例子而言，显然妹妹在当时还没有能力听进去某些事，如果莫莉立刻把这些事告诉她，她可能会更难认清事实的真相。因此我们发现，真相不仅是事实，也不只是你所相信的某件事，它是更大更完整的画面。“真实”这个词更宽广的意涵，就是把每件事都纳入考量。

真相能解放真相

到目前为止，我们还没有回答“真相能使你自由”是什么意思，或许我们可以从刚才所发现的——你要把整个情况都纳入考量——之中找到一些线索。你必须问自己，为什么莫莉跟妹妹谈话时要把整个情况都纳入考量，其中的目的是什么？莫莉跟妹妹谈话的动机是什么？难道只是为了要说出真相吗？还是希望妹妹能知道真相，让真相帮助她解脱？至于你的犹太朋友，难道你不想依照整个真相而行动，使你的朋友获得自由吗？

真相只有一个最重要的目的：使你自由。让我们深入探讨一下这个面向。为什么真相能使人自由？基督曾经说过这句话，但为什么这句话是真的？这才是我们要深究的。真相如何能使你自由？我在一开始曾经说过，更正确的说法应该是“真相能解放真相”。

举例而言，借由理解自己，认清你经验里的真相是什么以及个中的缘由，你自然会从那些情绪反应和冲突之中解脱出来，对不对？你会解脱掉那些干扰你、拖累你以及使你感到悲惨的事，这不就是你想要的吗？你认为真相能使你自由？你相信认识自己和追寻真理可以使你解脱，于是你试着去凌驾超我的立场，认清自己的真相。我们会发现，你越是认识自己，就越能摆脱掉错误的人格。你一旦知道它们的真相是什么，会更有能力处理自己的情绪反应以及生活中所有的情况。

譬如说，妹妹正在生莫莉的气，而且已经不跟莫莉说话了。她们的相处产生了很大的问题。如果妹妹这时能认清她不跟莫莉说话，是因为她仍然在生母亲的气——而不是莫莉——那么这份洞见就会把愤怒导向母亲，然后她就不会再把莫莉和母亲连到一块儿了。这会使她更自由地和莫莉相处，而且两人的关系也会更真实。如果她能看见这个真相，她就能摆脱掉对莫莉的心理反应。

我们在这里都已经见识过了，你越是能检视自己，就越能了解现在的行为是怎么一回事，人格是怎么发展出来的，它的动机是什么，是什么东西限制了它——换句话说，如果你理解了你的恐惧、愤怒和痛苦，那么时候一到，这份理解就能帮你从其中解脱出来。人格的反应将会失去以往的力道和韧性，你的自由度和心量会变得越来越大。你会更能感觉到自己，你的行动会更自由，和别人的互动也更自在。这就是内在工作的目的。"真相会使你自由"，从我们这里每一个学员的经验来看，内在工作确实有这个效果。

认识本体比认识心理活动重要得多

但情况真是如此的话，你还不如去找个精神分析师，和他一起咨询个几年，每个礼拜碰面五次，到咨询结束时，你就"自由"了。你将会发现你的情绪冲突之中的真相，而这已经足以使你自由了。根据我们到目前为止的观察，理解自己的真相确实能使你自由。如果"你必须知道真相是什么，真相能使你自由"是成立的，那么你只需要一位心理医师就够了。许多人——尤其是心理医师，确实是这么认为的。我们可以对个案历史进行繁复的探讨，不过最后你会发现，心理学的知识并不能使人真的解脱。认清心理上的真相，并不能使你真的自由。你会看出某些真相，得到某种程度的释放，就仅此而已了。

学生：耶稣当时所说的是："找到神的国，你就会看见真相，真相能使你自由。"

阿玛斯：我明白了。他说的是要找到"神的国"。

学生：他说过“神的国”就在我们心中。

阿玛斯：所以很明显地，你无法从心理医师那里找到“神的国”，或许你该找的是牧师，他还可能对你产生一些帮助。

学生：也许得牧师加上心理医师才行。

阿玛斯：这是个很好的观点：真相跟“神的国”有关。这也是我们必须考量的一个部分。你可能还记得我们以前说过的“坑洞理论”，我们说过，心理的困境和情绪上的问题不只是由情绪的冲突所引起的。情绪上的冲突是源自于和我们的本体失去了联结，这也是一个真相，另一个事实。我有某种情绪上的困境，我的生活里出现了某种冲突和烦恼，这不仅仅是因为我不清楚自己的情绪历史，主要是我已经失去了某个东西——“神的国”。我称之为“本体”，我们真正的本质。

因此我们会发现，认识本体比认识自己的心理活动或情绪重要多了。你的一部分已经被阻绝于外，你再也接触不到它了。如果你有过本体经验，而且已经认清本体与失去本体之间的关系，那么你就会说：“现在我终于知道基督的意思了。我终于知道神的国是什么，认识真相是什么，以及真相为什么能使我自由。”

感觉真实的那一刹那，是什么使你信以为真的？

现在让我们从另一个不同的角度来看一看真相。今天是星期天，今天我感觉很哀伤，这两者并不是相同的东西。“今天是星期天”是我们都同意的约定俗成，但是在中国，今天已经是星期一了，这样的事实是因人因地而有所不同的。所以，某些真相或事实会被我们认定是事实，乃是基于我们共同的约定俗成。“我感到哀伤”并不属于这一类的真相，它是一种主观经验，它跟社会的约定及成规无关。我怎么知道“我感到哀伤”是个真相，它并不是一个社会成规啊，如果你不赞同该怎么办？你可能会说："你看上去并不哀伤。"而我又怎么知道我是在哀伤，哀伤又是为了什么？这整件事可能变得相当复杂，你可能会说："我伤心是因为今天我被太太拒绝了。"你去找太太谈话，她却说她不久就要跟别人走了，可是你怎么知道这就是你哀伤的理由呢？你怎么知道你伤心是因为某人对你做了某件事？

或者你坐得好好的，突然意识到心中生起了一股伤痛的感觉，那份深沉的伤痛感就像心中有个伤口一般。过了一会儿，你说那份伤痛是起因于两岁时母亲抛弃了你，你对这一点似乎感到很确定。你是怎么知道的？那并不是一种社会成规，并没有一个人在那里为你证实这件事，但是你却似乎很笃定的样子。你怎么知道那就是真相呢？你有没有问过自己这个问题？你能证明自己的哀伤确实是因为两岁时母亲抛弃你而引起的吗？那份笃定感从何而来？毕竟母亲并没有在当下这一刻抛弃你，那是很久以前的事了。是什么使你那么确定以往曾经发生过某件事？

当我问你这个问题时，你的回答可能是："那份感觉相当真实。"但感觉上很真实又是什么意思，如何能确定呢？你回答说："这就是我的感觉，我记忆里就是这样的。那种感觉非常真实。"

假如我是一个客观的科学家，我就会质疑："谁说事实一定如此？难道你感觉很真实，就是真相吗？感觉真实到底是什么意思？当你这么说的时候，你似乎已经信以为真了。""可这就是我的感觉啊！"

有时，外在的结果也会显示出你的自我所描述的真相是否属实。譬如说太太离开时你觉得很哀伤，当她回来时，你的心情又好了，那么至少在那个层次上，你的体认是正确的。如果拿早先的那个例子来看，你把你的哀伤和一种被抛弃的感觉相连，进而解决了你和母亲早期的问题。或许你已经接受某种孤独感而愿意自给自足，这时你的体认也可以被证实是真的。

然而正当你感觉真实的那一刹那，到底是什么东西使你信以为真的？上帝有没有坐在旁边说“这就是真相”？如果我们能弄清楚是什么东西给了我们这份洞识，应该会使我们更加明白“真相能使你自由”这句话的真谛。

洞见能带给人笃定感与扩张感

让我们举一个比较不明确，也比较难证实的例子，然而它的说服性和真实感可能更强烈一些。譬如说，你突然生起了一份洞识，你当时可能正在打坐，心里正在考量某件事，或是正和某人互动，这时你的心中生起了一种洞识，于是你突然有所领悟："没错。就是这么一回事。"那是一种直接而又明确的感觉。我想在座的每一位都很明白那种感觉,因为你们都有过许多经验了。“啊哈！原来是这么一回事！”当你心中升起“啊哈”时，你会不会质疑它？你会不会说，“等一等，让我来证实一下这个‘啊哈’的感觉是什么”？你为什么不质疑它呢？为什么你能确定它就是真相？因为当你产生一份洞识时，你的头脑会突然有一种扩张的感觉，身体也会有一种放松感。于是你说："就是这么一回事了。"过了一阵子，你可能会得到各种的证明，也许是一个更完整的画面证实了你的洞见。但是在洞见产生的那一刻，你并不能找到什么证据，那么促使你相信它的到底是什么？

有时在洞见产生之后的几分钟内，你的某个部分会开始质疑，然而在洞见产生的那一刹那，你是没有任何质疑的。即使只有一秒钟，你还是很笃定你的觉察是正确的。你是那么的确定，甚至连真假的议题都不存在了。事情就是这么一回事。然而在洞见之中到底有什么东西给了你这份笃定感，是什么东西说服了你，使你觉得那份洞识是正确的？

我一再地和你们谈到“隔绝出来的洞见”这个观念。譬如某一天你和我正在探讨一些事，而你突然得到了一种洞识，三分钟后你有了另一个洞见，两分钟后又有一个，一分钟后又冒出另一个，接着半秒钟又生起了一个洞见。就这样一个接一个，而你也真的有一种持续的扩张感。我们确实有可能产生一连串的洞见，但又不会失去那份笃定感。那份笃定感或说服性不断地穿过你，那到底是什么？使你有笃定感的线索是什么？你认不认为在那份洞识里可能存在着某种东西——也许是一种滋味或感觉，使你毫不迟疑地认为那是真的？就好像你的某个部分比平常更明显地示现了出来。也许是神的声音在告诉你那是真的，苏格拉底就是这么认为的。他心中一直有个声音在告诉他什么是真的，什么是假的。

让我们试着去辨认一下，那个能带给你笃定感和说服性的东西是什么？这个能带来洞见的东西比普通的观点显得更真实。在洞识的经验里，你是不是有一种比平常更强烈的解放感？你是否能感受到一种扩张式的提升及满足感？

洞见通常包含两种东西，一是洞见的“内容”，二是能够带给你笃定感和扩张感的某种“能量”。洞见的内容可能有所不同，但扩张感会一直持续着，它永远具有这种品质。你会重视那些洞见，是因为它们的内容可以解放你，而且在洞见之中往往包含了比你平日的觉察更自由的一种感觉。因此我们会发现，洞见包含了比事实更多的东西。洞见之中确实有一种能量，能带来喜悦、满足和自由，而这不就是我们一直在寻找的东西？不就是我们所渴望的解脱吗？那不就是我们认为真理能带给我们的东西吗？这个东西是那么的贴近我们自己。

如果真相能使你自由，那为什么一般的觉知却无法带给你相同的解脱感？譬如你产生了一份洞见：“今天没下雪，难怪我有点失望！”或者只是出现了一种普通的感觉：“今天不能滑雪，多么令人失望的一天。”为什么有的觉知比较能使人产生满意和解放的感受，有的却不能？为什么洞见更富有一种确定性？同样都是事实，同样都是真相，为何有所不同?

接二连三的洞见就像打开香水瓶好几次，使你不断地闻到香气

我们现在是在探索有关洞见的事，我们发现真相不只是知晓某个事实而已。在洞见之中还带着一种能量感，它会在你的身心之中出现。它显示出更多的确定性，并且能带给你解放和满足的感觉。它是一种更明确、更鲜活的自由感。当更深的洞见出现时，你的笃定感会变得更深，如果这个过程能持续一段时间，你甚至会觉得空气中有某种东西，几乎像是一种香味。你品尝它、感觉它、闻它，甚至有一股香甜的满足感。那是跟自己很贴近的一种亲密感，还伴随着一股扩张的解放滋味。随着洞见的产生，你确实会有满足感，但那不只是一种“我自由了”的感觉。每次当你产生一份洞见时，感觉上就像是把香水的瓶子打开一下又关上了。好像你闻到了某种东西——自由、满足等等。拥有接二连三的洞见，就像是把香水瓶子打开好几次一样，可以不断地闻到香气。

因此，洞见之中一定有某种东西，可以令我们毫不怀疑地知道某件事是真确的。它比一般的觉知要更真实。那份笃定感似乎跟满足或更贴近自己的一种感觉紧密相连。然而跟自己亲密或贴近自己到底是什么意思？答案是：你会觉得更温暖、更满足。你心中会有一种真实及自由的感觉。引领我们进入这种状态的就是各种的事实，虽然这些事实并不尽然是我们要追寻的东西。我们真正要追寻的是那些亲密、紧密和自由的感受。

现在我们已经知道为什么认识真相会使人自由。我们已经开始尝到自由及满足的滋味了。认清事实会打开你的某些东西，使你更能感受到它们，所以事实本身并不重要。每一份洞见之中都有不同的事

实——有时是跟你的父母亲相关，有时是愤怒和伤痛，有时是快乐——它们是一直在变化的。其中的共通点就是满足感，而非事实本身。那位曾经说过“真相会使你自由”的人，也许是很清楚这一点的。

现在你已经知道事实就是真相，但重点是在内心生起的那股笃定的感觉，那股滋味。如果你追踪真正的事实，这些事实就会让你尝到满足和解放的滋味。这并不是一种道德上的要求——凡是真相就是好的，诚实就会得到奖赏——而是伴随着真相而产生的那份笃定感，其本身就是一种不再怀疑的解放和自由。

有时事实本身也可能是极端痛苦的。你可能会想起父亲并不爱你这个事实，但即使处在痛苦的感觉里，你还是有满足感，因为你已经知道真相是什么了。你和自己更贴近，你更能做自己。带给你满足感的并不是事实本身。我们经常会认为，一段时间过后，事实自然会使我们得到解放，而我们从此就不需要有任何反应了。我现在是从一个更微细的角度来看它。如果你深入地追踪事实，你会得到一种感觉，一种滋味，一份满足感，它比我们当初听到的那句“真相能使你自由”所生起的想象，还要更贴近事实。

如果你更深入于那份洞见，深入于那种满足感，并且跟随着那股香气，你就会看见那个香水瓶。如果你拥有了那个香水瓶，自然会一直闻到香气，只要你愿意，你随时可以把它打开，享受它的香味。追求真理就是为了找到这瓶香水。

当真相出现时，你就像是在心中尝到了某种滋味

在洞见产生的那一刻，你所看见的只有这个真相。能够使你知道真相的只有真相本身。这句话听起来有点像废话——你知道真相是因为真相就在眼前，事实就是如此。当真相出现时，你就像是在心中尝到了某种滋味，里面有一股柔软和满足的感觉，这便是黄金般的线

索了。就是这个东西使你说出了真实而有意义的话，就是这个东西使你领会到，“当我生起那种感觉时，我很清楚那就是心底深处的感觉。我很清楚我受伤是因为母亲抛弃了我。”当时并没有一个人在那里用逻辑向你证实，而是真相已经浮出了。你的内心有一部分是绝对真实的，检视事实会将那个部分释放出来。那个部分并不是事实本身，它和事实没有一点关系，它是令事实成真的某个东西。不论事实是什么，它都在那里。事实会改变，它们永远在改变。但是你心中有一个绝对真相，它能识破相对真相。你很清楚下面这些相对真相是真的——我失望是因为我失业了，我不喜欢今天没下雪这个事实——因为你可以嗅出其中的绝对真相。它就是那个能带给你笃定感的东西。如果你追踪绝对真相的线头，就会看见最完整的真相，你的本体。这就是为什么你会觉得比较贴近自己的原因，也是你会觉得更满足的原因。因此，真相确实能使你自由。

有个很简单的理由可以说明这一点：一旦看见真相，特别是有关自己的真相，一定会使我们和自己变得更亲密，更觉得满足。我们和真正的自己会分离，就是因为我们产生了对自己的错误概念。看见真相通常会涉及到看透这些虚假的概念，让我们发现自己更深的事实。因此，知道事实会使你从情绪反应之中解脱出来，这样就能释放掉你心中的那个事实。当你追寻真相时，你其实是在追寻自己。真相容许你做自己，这也是它能使你自由的原因之一。

追寻真相必须从看见事实做起，而事实就是眼前这一刻所发生的事。今天是星期天，我正在和你交谈，这是事实，也是真相，不过这只是真相的某个面向罢了。如果你在听我谈论真相时，你会有一种爱的感觉，那就是你眼前这一刻的事实。真相比你在当下生起爱的感觉还要深刻一些。只是发现自己感受到爱还不够；若想看到真相，就必须去觉察是什么东西使你在这一刻感受到爱。事实和真相之间的区别是非常重要的，为了发现真相，我们必须看见事实是什么，而事实就是真相的香气，也是真相的结果。事实和真相的关系就像金粉和金块之间的关系。

真相便是你的本质

在任何一个时刻，你的心里都带着一些情绪，譬如某种匮乏感和失去本体的感觉。也许你会说 ："好的，从现在开始，我每秒钟都要在心地上下工夫，这样才能摆脱我的匮乏感。"这个愿望很好，但事实上你还是有某些必须考量的局限。你有一副身体、一个胃及神经系统，为了能活得长一点，你必须吃东西、睡觉、感觉安全和舒适。因为你有某些部分是无法永远被意识到的，所以不能因为自己无法每分每秒都解除内心的匮乏感，而过度地逼迫自己、鞭策自己。你必须考量现实，就像莫莉必须考量妹妹的现实一样。

我们现在已经发现，必须通过事实才能找到真相。事实指出了真相的某个面向，真相比事实更完整，但一开始我们只能看到事实 ：事情是什么样，就是什么样。我们必须如实地看见它们，不能只看到心中的期待。我们必须确实知道当下发生了什么事。确实知道当下所发生的事，会自然而然引领你看见更深的真相。

因此你对于"真相能使你自由到底是什么意思？"这个问题，现在是不是已经有答案了？半小时以前我们似乎已经有了完整的理解，现在你却发现那份理解是不完整的。你发现当你知道真相时，它自然会使你解脱 ；那并不是一种结果。知道真相的本身就是解脱。你就是那个真相。你就是能转化所有事实的真相。寻找真相自然会使真相获得解放。真相就是你心的本质，你心中的真金，炼金师的黄金。真相不需要倚赖任何声言。一旦体认到你自己便是真相，就不需要任何声言了，因为你即是真相。如果有人问你："你是谁？"你可以回答："我即真相。"这就是为什么苏菲圣者会称"神"为"Al Haq"。在阿拉伯语里面，“Haq”便意味着真相。上帝的名字之一——本体的某个面向——便是真相。我认为以这样的方式来理解它，会更能帮助我们朝着真理迈进。

真相便是你。缺少了你，事实就变得无关紧要了。一旦把真相释放，你就解放了自己。但真相并不是你用来解放自己的某个东西，它就是你的本体。因此我们看见这里面有个过程。首先，我们会把真相看成是一种跟道德有关的东西，接着我们又把它看成是一个实用的东西，可以借由它来发现更深的真相，它会为我们带来自由。接着又有了更深的发现，因为真相就是你，所以你不再认为它能帮你找到真相。真相便是你的本质，所以你不再认为真相可以帮你找到自己。

在苏菲的轶事里，人们时常说：“如果你为了真理而爱真理，你就会得到解脱。”这句话是什么意思？它的意思就是，爱自己是不需要理由的，因为你即是真理。爱真理，就是在爱自己了。穆罕默德曾经说过：“一个能认识自己的人，一定会认识他的主。”所以一旦认识了真理，你就认识了上主。

人们时常会思索：“好！现在让我们来弄清楚我的情绪到底是怎么一回事。为什么每次我的男朋友回到家来，我明明很高兴看见他，也很想接近他，可是却表现得很冷淡，我很想弄清楚原因是什么。”这可不是穆罕默德所谓的“认识自己”，因为认识自己就是认识真相，而最终的真相即是本体。当然，认清事实可以帮助你发现真相，因为事实之中含有真相，而真相之中也含有许多事实。如果知道了许多事实，你就会有许许多多的原子，也许就能组合成一块黄金般的真相。重点并不在搜集事实，而是要让黄金般的真相更显而易见。拥有的事实越多，其中的真相就越深，而它们自然会越贴近你真实的身份。你探索得越深，越是能经验到其中的真相，一直到你抵达某个点为止。那时已经没有任何事实而只有真相了。

第十二章 宽容

你会发现问题就出在这里。如果蛹在成长过程里一直是蛹，一段时间过后它一定会觉得紧缩，如果继续下去，是不可能有更好的感觉的。幼虫从未想过自己会变成一个完全不同的东西，蝴蝶这个概念从未进过它的脑子。它料想不到有这个可能性。

在内在工作里，我们不用绷带掩盖困境，或者掩饰自己人格不圆融的部分。不论心理治疗技法有多么好的效果，我们都把它视为在这个裂缝或那个裂缝贴上小绷带而已。治疗没什么错，但毕竟不是内在工作。我想大部分人已经很清楚，你们内在的每一件事都跟其他的事相关，而贴绷带的治疗方法并不能真的深入。我们这里关心的是成长、转化和发展，不是以治疗来介入其中，也不强调治疗的效果。

虽然如此，内在工作仍然有疗效。它的疗效确实会改变你，而你的冲突也会得以解决。然而治疗并不是我们设定的方向，也不是我们最感兴趣的事。最重要的事就是促进一个人的成长。

为了促进内心的转化而非与其对立，你必须理解成长的过程有哪些特征。成长的过程里有什么最重要的特征，使它和其他过程有所不同？

学生：过程中会出现一种扩张状态。

学生：不断地有变化在产生。

阿玛斯：让我们更贴近地来看一看。改变到底是什么意思？扩张又是什么意思？成长确实会涉及到改变，但改变需要什么条件？

学生：觉知。

阿玛斯：是的，一种扩张的觉知。觉知确实是必要的，但这仍然无法说明什么是改变。

学生：改变就是一种释放，把某个东西释放掉了。

阿玛斯：没错，这是一种看待它的方式，也是改变的一部分特征。还有什么？

学生：你必须采取某种行动。

阿玛斯：改变到底是什么意思？成长又是什么意思？

学生：一种转化。

阿玛斯：没错，但到底是什么意思？我们要的是转化、成长和改变的定义。在字典里“改变”的定义是什么？

学生：某个以前不存在的东西突然出现了。

阿玛斯：这需要些什么条件？

学生：放掉老旧的，才能让新的发展出来。

阿玛斯：一点也不错，这就是改变、成长、转化的过程。这是字面上的意思。翻开字典来看，你会发现上面写的是：某个东西变成了另一个东西。假设“转化”意味着把某个东西变成另一个东西，那我们一开始的状态一定和结尾有所不同。我们的结果可能跟开始是截然不同的。

我们必须更贴近地去了解个中的意涵。若想进行这样的探索，必须检视一下你开始进行内在的成长工作时，你的渴望和抱负是什么。你到这里来是怀着某种信念和渴望的。你可能会告诉自己：“我想释放恐惧，我想变得快乐。我想拥有一份更好的工作。我想要一个更理想的爱人，更棒的汽车，更客观的心态。”不是吗？这就是你们当初的计划。每个人来这里都想得到某样东西。有些人抱持的概念比较模糊，有些人则十分明确。

然而转化到底是什么？转化的意思难道不是连这些目标都改变了？你现在是什么，你的目标就是什么，所以如果你真的改变了，就会变成另一个人，而那个新人的目标和渴望，或许也不相同了。如果你继续执著于相同的目标和渴望，相同的概念和计划，你就会继续当原先的那个人。其中是没有任何变化的。其中没有转化，没有扩张，也没有发展。

若是想成长，你就必须心甘情愿地改变自己的思想、概念、信念和经验。你来到这里告诉我说你想要快乐。很好，你想变得快乐一些，不过这可能意味着想要快乐就必须成为一个截然不同的人。也许目前的你是个很不快乐的人，可是你却说：“我想变得快乐，不过我还是想保留原来的模样。”这是不可能的事。或许眼前的你有一部分的性格就是不快乐的，或许你就是这份不快乐所制造出来的。你怎么可能停留在原先的你而同时感到快乐呢？你必须变成一个截然不同的生物，才能快乐起来。

每一个人对于他们是谁、事情该怎么样、什么能创造出美好的人生，都有各自的成见。如果你真的想改变，就必须让那些老旧的概念和信念死去。假设你说：“我想成长，不过我还是想当原先的那个顽固的人。”这其中就会出现矛盾，怎么可能既改变又维持原先的模样呢？

真正的成长是变成截然不同的人，如同蛹蜕变成蝴蝶

改变的精髓可以被视为像蝴蝶一样的蜕变过程，其中有好几个阶段，有一个阶段是蛹，蛹会逐渐发展成一只蝴蝶。起先你来到这里的时候，还是一只蛹——不论个子大小，肤色黄或黑，是非洲人或欧洲人。你说你想成长，但是在你的心中，成长意味着变成一个更大、更快乐、色彩更缤纷的蛹。这难道不是你的想法吗？你并不认为自己会变成截然不同的一个东西，你只想变成一个更大、更美丽、更有爱心的蛹。你从未想过你会变成一个和蛹完全不同的东西。蝴蝶这个概念从未进入过你的脑子里。你料想不到有这个可能性。

因此你会发现，问题就出在这里。如果蛹在成长的过程里一直是个蛹，一段时间过后它一定会觉得紧缩。它确实在成长，也变得越来越大了，但是某个东西出了错。它开始抱怨，于是去看治疗师，治疗师帮它做了一点小小的改变：“不要吃那些枫叶，它们会使你的消化

变得更糟。”它试了一个又一个医生。它去找整脊师调整脊椎，也去找按摩师帮助自己放松。然而这个蛹从未想过，如果继续当一个蛹，是不可能有更好的感觉的。

这就是每一个人真正的想法。没有人会认为："我是一个想要变成另一个东西的蛹，我现在对那个东西毫无概念，甚至无法想象和说出那个东西是什么。"蛹只能想象蛹，无法想象什么是蝴蝶。当它看见蝴蝶时，心里可能会想："多么有趣的一种东西，它们是从哪里来的？"我们都有先入为主的成见，对改变都有一些既定的信念。也许你会认为成长之后的你会变得更有智慧，问题会少一些，钱会多一些，而胃也不会这么痛了。或者你也可能以为，成长和改变意味着自己将结婚生子，拥有两只猫咪为伴。如果你和先生能各自养一条狗，那就更完美了。于是你开始在自己身上下工夫，一段时间过后，你发现拥有这些东西并不是真的成长，于是你告诉自己："我只需要一只猫就够了。一只猫、两条狗、一个丈夫、两个小孩就够了。"当然你还想要一栋乡间别墅，一年放两次长假，不断地从某个人身上获得爱。如果继续在自己身上下工夫，你还可能会愿意放弃那两条狗。但如果真的非常认真地进行内在工作，你会逐渐感受到本体早已具足的爱及安全感。你会认清外在的好东西虽然吸引人，但不必然能满足你。

因此我们会发现，成长最基本的要求就是放下你认为能使自己快乐的东西。因为当你真的改变时，你已经不是原先自以为会变成的那个人，你成了一个截然不同的人。蛹的需求跟蛹变成的蝴蝶的需求是不一样的，蛹可能需要一只猫及两条狗，可是蝴蝶没有这份需要。

开放自己，容许事情自然发生

因此，其中涉及到一种"宽容"（allowing）的态度，容许事情浮现、改变和转化，而不去预设未来。你只能依照现在的模样去指挥事物，只能依照你所熟知的蓝图去设想未来。但真正的改变意味着连蓝图也改变了。

你唯一能做的事就是开放自己，容许事情自然发生，让蛹蜕变成蝴蝶。你可能会惊讶地发现："我一直以为我必须爬得快一点，我不知道自己还能飞。"你确实有可能飞起来，但如果你只想当一个蛹，就只能学着爬得快一点。你看见旁边有东西在飞，可是你没有翅膀，所以不会想到飞这件事。但如果你能允许事情自然发生，你就会发现自己是有翅膀的，而且能够到处飞翔。

通常你所渴望的事以及想经验自己的方式，都是由自我形象所决定的。不论你想要的自我形象是什么，它真正的意义就在于——它能带给你某种内在的感觉或觉受。你并不是在跟那只猫接触，你接触到的是内在的感觉。猫能带给你某种感觉，这才是你真正想要的。你想要一只猫，不是因为它是一只猫，而是因为它能使你产生某种对自己的感受。拥有一只猫、一栋房子、一个丈夫或太太有什么大不了？如果你对他们没有一份特别的感觉，拥有与否又有什么差别？如果你的感觉都一样，那又何必麻烦呢？还不如拥有一只犀牛算了。

我们现在是从内在的体验来审视这个问题。起初你想要的是某种内在的刺激，某种感觉或觉受。你认为自己需要一栋房子、一只猫、一份特定的工作等等，才能有某种感觉——安全感、舒适感或满足感。身为蛹的你，要的是某种内在的刺激和保障，你把它们看成了一种滋养。

但是我们已经发现，为了带来转化，你必须开放你的心，认清即使是内在的刺激和觉受也会改变。你过去非常重视的某些快乐，可能并不是蝴蝶所重视的。你已经进入了另一个阶段。孩子的快乐和青年人的快乐是不一样的，青年人的快乐和成年人也不相同。人们经常说："不，我还是要原先那些东西，不管我现在年纪多大，我还是要一对乳房。"如果你一直想找乳房，你就会继续停留在婴儿状态。

你会把你更想要的东西隐藏起来。

你必须让那些内在的感觉和刺激变成你完全不熟悉的东西，一个你从未想过的东西，只有当它发生时你才会认出它来。你会抓住你渴望爱和快乐这个概念，但也许你跟蝴蝶想要的爱和快乐是不一样的。蝴蝶想要的爱和快乐跟你现在所抱持的概念可能是完全不同的。

如果你坚持要的是蛹所渴望的那种快乐，那么一段时间过后会发生什么事呢？某些事会出问题，蛹也许会得胃溃疡、脑瘤或各种东西，因为它应该改变了，但蛹还是坚持："不！我不要改变。我只想以我熟知的方式去爱。"可是你一旦开始成长，就会发现你所感受到的已经不再是爱了，你会经验到别的感觉和刺激反应，可能是如微风一般的感受。可是如果你不愿意让自己拥有微风般的感受，你就会维持原先的感觉，不论你在自己身上下多少工夫都一样。

树木不知道自己会长出什么，它只是宽容而不操控

想要限制自己的经验，就像一棵树在对自己说："我只要叶子就好，不要果实。"当果实快要冒出来的时候，如果立刻把它摘下来或封上胶带，那么这棵树会发生什么事？它不但不会生出果实来，有时它的根和叶子都会出问题，因为它本来就该长出果实的。拥有开放的品质，意味着让某个东西自然地冒出来而不去操控它。也许过了一段时间之后，你会发现你渴望的只有爱，那才是你真正想要的东西。可是你所知道的爱也只是一种情感，一种情绪上的兴奋或高潮。若想改变自己，你必须体认到爱可能是心中的一滴蜂蜜。但是你也可能会说："心中怎么会有蜂蜜这种东西，蜂蜜是蜜蜂制造出来的。我只会用它来抹面包，或是加在麦片里。"你不允许自己有别的模样，也许在下个阶段的发展里，你的心会充满着蜜糖，可是如果你不允许这件事发生，你就不会经验到更深沉、更美好的爱。

因此，你不但得允许自己的梦想和自我形象彻底改变，还必须让你的内在经验、内心的感觉，出现截然不同的样貌和质地，否则你的成长就会停止。经过长期的成长之后，你会发现你最深和最尊贵的内在感觉就是做你自己，体悟你真正的身份和本质。

毛毛虫根本无法想象这样的事："我怎么可能感觉到自己的本质？我只想打保龄球和约会。做自己是什么意思？怎么可能有这种事。"但如果你能容许更大的可能性，就会开始欣赏各种不同的经验。你会比自己所想象的更宽广，你会跟自己更亲密。

因此，你所珍惜的东西一定会改变。但如果你仍然重视原来的东西，就不会改变。你会发现，最令人满足的经验之一，便是感受到内在真正的身份。你从在乎外在的自我形象转变成发现真正的自己，甚至会发现自己的本质："噢，这才是我！现在我终于知道了！"你感到兴奋无比。可是为什么要在此处打住呢？不该有了一点发现就停止。你怎么能预知呢？那个发现也可能会改变，你的心不会一直像蜜糖一样甜。它今天像蜜糖，明天可能会变成杏桃。

做当下的你，允许下一刻自然显现

现在你也许认为自己已经了解了：原来本体也可以甜得像食物一样。这或许是事实，不过你还是在限制你的经验，如果能允许自己拥有宽容的态度，对成长过程抱持开放的心胸，那么某天早上你醒来时，很可能会发现你竟然是一颗星球！然而你怎么可能操控自己的成长，使它从杏桃变成一颗星球呢？假设继续怀着杏桃的意识，你永远也无法想象成为星球是什么滋味。你必须拥有彻底的宽容和开放性，这样的事才会发生。但即使到了这个阶段，你的心仍然会设限："好，现在我已经看见这整个过程了——它从情绪变成水果又变成了星球，接下来可能会变成金星、火星、冥王星。"然而你并不知道情绪会变成杏桃，杏桃会变成星球，所以又怎么知道它会停留在星球的状态呢?

现在你终于学聪明了："我懂了，它是越变越大的。接下来我可能会变成一颗闪亮的星星。"于是你开始努力地想变成一颗星星，可是接下来你也许不会变成一颗星星，这是无法预知的，不过你每天还是静坐和观想星星。但如果你的心真的开放和宽容，你可能会发现自己并没有变成一颗星星，原来星球的内部还有一些东西。你并没有从星球变成金星、火星或太阳，而是进入了星球的内部。当你进入星球内部时，所有的东西也许突然消失了。里面没有任何情绪，没有杏桃，没有星星，也没有星球——什么东西也没有，空无一物。

这类的经验反映出不同阶段的解放和发展，以及通过心理议题的解决所呈现出的相关本体特质。因为无意识里的问题不是我们的意识所能知晓的，本体不同层次的人格是无法了解、也无法想象的。因此，对未来将发生的事抱持着预期心理和偏好，只会干涉到我们本体的解放过程。

本体的发展过程有自己的逻辑，只有当它真的发生时，你才能意识到它。你会发现，如果允许自己做个什么都不是的人，那个什么都不是的状态会突然变成另一种东西。你不再是星球、杏桃或星星，你变成了一个完全不同的宇宙。你发觉你从某个星球变成了另一个星球，而这个星球竟然是由钻石做的。我们对这个星球一无所知，突然每样东西都变成了钻石，连树都是钻石做的。你看到的人都不再像人，他们看起来像是发光的鸡蛋在到处行走着。一开始，你怎么知道会是这样的情况呢?

我并不是说像这样的事一定会发生，我只是试着去除你心中的概念和障碍，让你拥有你无法想象的可能性。但如果你只固定在某个位置，你是不可能想象得出这些事的。为了让成长持续下去，你必须容许所有的事自然发生。任何事都可能发生。你根本不知道事情会如何发展。如果以任何方式去操控它，只会制止它的发展。你只能做自己，做当下的你，然后允许下一刻自然显现。毕竟生命的核心原本就是个谜。

宽容不是消极，也不是决断

我现在正在打开你的心，使你能宽容和了解某种生命的态度，某种存在的方式。对成长而言，最自由的态度就是彻底包容。既不消极，也不积极，你只是容许一切自然地发生。你会看见成长的过程从某种状态到另一种状态逐一显现，如果你给它空间让它呈现，整个过程就会自然展露出来。最重要的工作就是去了解心中有什么障碍阻止了它的显现。不论身处何处，你都要审视自己，并且要了解你的障碍是什么，到底是什么东西阻止你去彻底经验当下所发生的事。如果你真的能彻底经验，你就不会执著于那个经验，或决定它该朝着什么方向发展，你只是彻底经验它罢了。你的心对可能发生的事有没有真的保持开放?

要做到这一点，你必须信赖这整个过程。你信任确实有转化这个东西，而且它终究是一件好事，是最美好的事。内在发展过程中的每一个层次和阶段，我们都必须拥有这份信任，既不想知道会发生什么，又能容许事情自然显现，包括外在次元、精微次元、情绪次元、本体次元都一样。只要一去设想未来会发生什么事，就是在自我设限。你一旦预设事情的发展，就是在制造壁垒，把自己监禁起来。在这种情况之下，你不但不信任自己，也不信任事实，不信任转化的过程及成长。你的心中只有局限，你会像从前一样的痛苦和抱怨。如果能允许成长的过程自然展现，就会感受到快乐、喜悦和心量的拓展。

喜悦只是转化过程的一种解放感。你允许自己单纯地存在着、变化着、成长着，不论你的存在把你带往何方，在过程中自然会有喜悦和快乐。当你企图压缩它或引导它的那一刻，喜悦就关闭了，剩下的只有沉重、哀伤和痛苦。此外，企图预设自己往哪个方向走，乃是不慈悲和无知的态度。你怎么知道接下来会发生什么事？你怎么知道人生会是什么模样？你怎么知道心中该有什么感觉？你只能信赖它。

假设你有某种对本体的经验，而且也感觉到真相是什么了，你知道自己就是那个真相，它是既圆满又美妙的。你的开放性让这件事发生了，不过很快你就发现自己产生了一种态度："我要永远拥有这份感觉而不失去它。现在我已经拥有了本体，我要保住它，我要跟人格奋战。"或者你可能会合理化你那企图抓住真相的渴望："我必须保住它，因为我时常会被谎言所骗，而且保住这种状态，意味着我将变成一个更好、更诚实的人。"这都是事实，不过那种状态也许只能延续几秒钟，所以你必须对它保持开放和宽容。别的东西可能会代替它的位置，如果有一丝一毫的执著或渴望，你就是在竖立起壁垒。

这整件事和视野的大小有关。朝着某个目标或某种改变而努力，经常是很有用的事。但是比起容许事情自然发生，视野还是小了一点。

学生：朝着目标下工夫，并不意味你是在制造壁垒？

阿玛斯：有时候你确实是在制造壁垒，但偶尔为之还是有它的用处。你必须了解自己正在为某个目的而做这件事，而且这并不是最大的视野。当你朝着某个目标下工夫时，必须谨记这个视野是比较小的，另外还有一个更大的视野。即使你正朝着某个特定的方向在探索自己，还是要抱持一种什么事都可能发生的态度。虽然你正在探索自己，但这份经验的本身还是需要开放性和完全自发的态度。

宽容并不是消极，也不是一种决断的行为，它介于消极和积极之间。换句话说，你必须很积极地对自己的经验保持消极的态度。还有没有问题?

学生：我在工作时好像觉得自己只是在随波逐流，此外我对自己所做的事并不感到快乐，我不知道是否该尝试别的东西。到底什么时候该积极追求别的东西，什么时候该随波逐流？是不是等某一种冲动变得十分强烈时，你就去做它而不再担忧了？

阿玛斯：我的意思并不是说想做什么就做什么。抱持某种态度还是必要的，一种容许事情该怎么样就怎么样的态度。对你来说，容许事实存在，可能意味着允许自己去感觉那份不满足感，然后看看你真正想要的是什么，看看眼前的情况是什么。重点是在不设限。你要我给你一个可以运用的原则，一个有关消极和积极的原则，但我的意思是：根本没有任何原则。

学生：信任从何而来?

阿玛斯：你只是允许自己保持开放。通常你如果不知道接下来该怎么样，可能会立刻做出某些事；然而你什么事也不需要做，只要存在就够了。如果某件事发生了，你只要静观其变就够了。从终极的层面来看，信任指的就是相信你的本体。这份能力会逐渐发展出来，信任不是立刻就能拥有的东西。越是能认识自己，越能认清自己的成长方向是正确的，你就会越信任它。

一开始，你一次又一次地以这种或那种方式来强迫自己，时间久了你自然会认清，最好的方式就是随它去，允许事情自然发生。过程中便是要发展出这份信任感。对事情观察得越深，越是会体认到，每一次你企图将经验导向某个特定的方向，就会感到挫败和痛苦，但每一次如果能认清自己正在设限，解放感和扩张感自然会出现。你认清它的次数越多，发展出的信任就越多。一旦全盘信任了，本体就会显现出来。你真正的本质会不断地透露出来，它展现的方式比你所能预期的更好。

宽容便是最大的自由，里面连解脱的渴望都没了

你已经有类似的经验了，不过它们还会继续增加。最后你会发现什么都不能信任，除了过程本身。你信任的对象并不是某个人、某个权威或某种理论，你只能信任真相，只能对本体有信心。你需要一些时间才能让信任变得更成熟，更深刻。

一开始你可能会信任某个部分，但是不信任其他部分。我们的恐惧越多，信任就越少。我们会更紧贴住我们的墙。如果能一再地发现恐惧比任何东西都令你更贴紧你的墙，你就不再执著于那堵墙了。

发展和成长的过程有一部分就是要信任那份宽容的态度。最终的发展不是企图拥有某种境界，而是允许任何事情自然地发生。允许事情自然地发生，便是人格的彻底消融，因为那堵墙就是人格，人格便是这些壁垒。因此宽容的态度意味着不站在人格这一边，也不站在本体那一边。它从来不选边站，也没有任何偏见。发展是一种持续不断的揭露过程，它非常错综复杂，可能会起伏不定、一会儿进入到内心，一会儿又拉出到外在，以各种方式朝着各个方向发展。那份宽容的品质便是你所追寻的解脱。

那份宽容的品质是你的心无法看见的另类选择。你的心看得见这里有一种方式，那里有一种方式，但可能还有上百种方式可以选择。哪一条路比较宽广？到底是在你目前的环境之下就地解脱，还是必须有所改变时才解脱？宽容的观点便是看见墙是可以移开的，但也可以允许墙的存在。不论墙存不存在，这种观点都可以转化问题。因此，宽容的态度使你能承受被卡住的状态，尤其是当你正在解决某种信念、感觉或是企图认出它的时候。对治问题的整个过程，只有在心中出现空间和具备宽容态度时，才能呈现出来。宽容是没有限制的，它甚至

就是最大的自由。它连从某个东西之中解脱的渴望都没有。不论有墙或没墙，它都是自由的。

宽容度增加之后，限制的本身便是开放

因此，从某个角度来看，你起初看到的只有那些壁垒，后来你发现光竟然能穿透其中的裂缝，然后你的宽容度就增加了，最终你会发现一开始就没有裂缝、墙或任何东西，它们都是相同的。你不再被那些限制所局限，因为限制似乎跟开放是一样的东西，你怎么可能被它们局限呢？这跟人格的想法是非常不同的。人格以为必须用这种或那种方式才能解脱，“我必须把这堵墙移开才能得到自由。”一开始确实是如此，因为移开墙就是除掉人格。但最后必须移开的那堵墙却是：相信墙是存在的或相信有个人格必须被除掉。这堵墙一旦去除，你就解脱了。

如果彻底了解了什么是宽容，如果清楚墙和开放性是同样的东西，那时解脱就不再有任何意义。你已经从解脱之中解脱了，你不再说“我会解脱”，你也不再说“我现在是解脱的”，你已经摆脱了这些东西。

这些都是非常微细的体悟。当你说有个东西必须被去除的时候，你已经设定了方向。这便是一种局限。当你想去除这个局限时，你就制造出了一种局限，因为你会说“我要的是这个，不是那个”，这不就是人格的作用吗？

然而这并不是一种行为的准则，我说的这一切只是为了打开你的心。若想认识解脱是什么，必须具备某种概念，某种会带来解脱的态度。如果你认为“我知道该怎么解决眼前的情况”，你就不是在容许眼前的事自然发生。宽容是一种存在的状态，它跟“我要做这个或那个”无关，而是一种没有任何态度的态度，一种容许任何态度存在的态度。就算是不宽容的态度也能宽容，否则就是在设限。

一采取任何立场，就是在竖立起一道墙，即使你的立场是容许任何事发生。你只能做一件事，那就是彻底地生活。你的心已经不知道该说什么了，剩下的只有最单纯的本质：彻底的宽容。它是那么的自由，连壁垒都容得下。我肯定你们每一个人在我讲话的此刻都卡在某种局限里。你们每一个人也都能意会到目前自己的局限是什么。你们是想保留住它，还是想去除它？只要你们的心还想到某个地方去，或是觉得自己的某个部分仍然无法被接受，那么它就还没解脱。

第十三章 长大成人

不如意时，你多半会生气、抱怨、伤心，怪罪另一个人或自责，但这么做又有什么用？难道你看不出只有小孩才有这些举动吗？事情如果不顺利，成熟的人会观察眼前的情况，看看自己能做什么，然后就把不必要的东西放下了。其他的举动都是一种浪费。

我认为我们内在工作的情况就像一所学校，而学校最大的特色就在于它不是一个托儿所。如果我们能了解托儿所和学校的不同，可能会更了解我们在这里所做的事。托儿所是为幼童设立的，学校则不是。如果你去学校，却把它当成了托儿所，你可能什么也学不到，你只会变成老师眼中的麻烦人物。

托儿所里的幼童是不需要照顾自己的，因为成年人会照顾这些孩子。成年人会提供孩子所需，并且保护和监护孩子，所以孩子不必为自己负责。在学校里，孩子则必须付出较多的责任。事实上，去学校要学习的事情之一就是负责任——为自己的学习负起更多的责任。老师给你一些讯息或指导，然后就得靠自己了。当然学生很可能会抱怨老师，也可能不喜欢数学或化学，然而这都是学校必修的课程。一旦决定上学，这些都是必须学习的事。

在我们这个学校里，我们拥有的却是成长（grow up）的机会，这个学校就是为了你的成长而设立的。社会上大部分的情况都像是托儿所，里面有许多小孩。托儿所和一般社会最大的不同就在于前者是真正的托儿所，里头的孩子不会假冒成人；社会大众却认为每一个人都是成人，但其实都是假冒成人的小孩。我们的内在工作就是要认识长大成人是怎么一回事，所以我们不能把学生看成是小孩，否则他们永远也长不大。

大部分的时候我们都像个不想长大的小孩

你所有的问题会存在，显然是因为你不愿意长大，不想让自己做个成年人，你只想继续当个婴儿，而这已经足以说明你所有的感觉了。譬如人们时常对老师生气，认为老师为他们付出的不够，关怀的也不够，这个模式就是一种婴儿的举动。他们会说："你为什么不为我多做一些？为什么要这么为难人？"其实他们真正的意思是："你不是个好妈妈！"小婴儿都有这样的感觉，如果母亲不能满足自己的需求。但成年人是不会这么思考的，成年人会扪心自问："我如何能善加利用眼前的情况？我能从其中学到什么？"

内在工作是不容你抱怨的。抱怨又有什么用？抱怨是用来把妈妈绑住的。你向妈妈抱怨，妈妈就会让你舒服一点。成年以后还有什么好抱怨的？如果你对老师、对学校的作息，或是对停车的情况光火，你就是在期待妈妈能为你打理一切，让情形变得舒服一点。可是你来这里就是要学习做一名成人，这意味着你必须在这种情况下尽力而为。你来这里并不是要得到什么东西，而是为了长大成人。

同样的情况也会发生在人生的每一个领域。当你不如意时，你多半会生气，抱怨，伤心，怪罪另一个人或自责。但这么做又有什么用，难道你看不出来只有小孩才会有这些举动吗？如果事情不顺利，成熟的人会观察眼前的情况，看看自己能做些什么，然后就把不必要的东西放下了。其他的举动都是一种浪费。

我并不是在贬损你，我只是很了解大部分人的举止都像幼童。我们这里的目标就是要觉察当下所发生的事，并且要认清大部分的时候我们都像小孩，而我们的困境之所以会产生，就是因为我们想继续当小孩，不想长大成人。你可能会认为小孩的生活是很棒的，只要玩耍就好，不必负任何责任。可是如果真的去观察小孩，你会发现他们其实并不值得羡慕。小孩必须仰赖大人，他们没有自由，毫无选择。孩子的生活是非常受限的。大人就不同了。大人有自由，大人有选择的自由。你不该渴望继续当一名孩子，经常抱怨事情不如你的意，因为孩子没有能力让事情顺他们的意。如果你想让事情顺自己的意，就必须长大成人，让事情照着你的意思走。

成人能察觉宇宙运行的法则，小孩只会抱怨

让我们更贴近地看一看我们在这里的成长过程。我刚才说过，内在工作基本上就是学习如何长大成人的一个过程，它和变得更好或更完美无关。它和长大成人必备的条件有关。神经过敏的人就是一个孩子气的人。精神病患者则是像婴儿一样的人。健全的人才能称为成人。

婴儿和成人有什么不同？婴儿最重要的特征就是无法喂养和保护自己。父母必须为孩子做这些事，孩子长大之后也会为自己和他的小孩做这些事。成年人则是能够为自己做这些事而不去期待别人的人。成年人能察觉眼前的真相，并且知道自己的能力和局限，然后依照这份认识而行动。成年人是实事求是的，他知道眼前的情况可以给他什么或不能给他什么，他不会按照无意识里的信念行事。

举例而言，相信你的伴侣能带给你某些东西——爱、安全感或自我价值——就是一种孩子气的想法，因为很明显地，对方无法也不可能给你这些东西。假设你的行为举止像个小孩，你会一直认为对方应该给你一些东西。如果她不能，你就会生气和抱怨。如果你是个成熟的人，那么一开始就该知道对方能做到什么程度。可是通常我们认不清对方的真相是什么，因为我们无意识里的信念会把对方当成母亲，延续童年时对母亲的感觉和反应——想从她那里得到一些东西，如果得不到，就会失望和生气。成年人是没有这些行为的。如果事情不如意，他会说："噢！我明白了。让我来做吧。"可是小婴儿如果想要某个东西而母亲没有出现，他就会大哭大闹。这就是大部分人会对伴侣做出的行为，不是吗？

当你和另一个人产生关系时，并不是真的跟他产生了深刻的联结。你会不断地把对方当成是你的父亲和母亲，主要的原因就是你想继续

当婴儿。你渴望对方是个成人，而你是个孩子。

审视一下你大部分时候的感觉，就能够认清这一点了。你觉得每一个人都是成人，而自己只是小孩，所以你才会对某些事有所期待。如果不喜欢做某件事，你就会生气，你渴望事情能顺自己的意。你发现到处都是父母，你以为如果表现良好，就可以得到自己想要的东西。你们对内在工作也有这种感觉，以为自己如果下了内在工夫，就会变得可爱迷人，而不再是以往的那个小孩了。你希望父母看见你确实是个可爱的小孩，并且能好好地照顾你，只要一有需要，他们就会立刻抚慰你。这便是人们来这里做内在工作的主要原因。他们以为来这里可以变成一个成功的小孩，“如果我能了解得更多，心量更扩大，人们就会认为我是一个很棒的人，而想待在我身边为我做事，满足我的需求。”我们无法认清事实，只因为我们不想长大。我们的无意识就是孩子的无意识。你现在还是以一岁大的小孩的眼光在看事情。

长大成人意味着从无意识变成有意识，从没有觉知变成有觉有知，同时也意味着有能力认清事情的真相。如果能认清事情的真相，你会发现某些事还是必须去做的。有些事你可以从外在的现实中获得，有些则不能。宇宙的运作有它基本的法则，成年人能察觉这些基本法则，并且能依此行事，不像小孩只会自保和抱怨。当雨落下时，它是朝下的，如果你想要雨朝上，你就会对它朝下这件事大哭大闹，但不管你哭得多凶，雨还是继续往下落。

人们以为情绪上的依赖就是爱

一个还未长大的人，通常会无意识地将别人视为行走的乳房。大多数人都会把其他人看成是来来去去的乳房，然后在心里想着：“它们大不大？里面有没有东西？我能不能得到它们？里面的乳汁是适合我的，还是会让我胃痛？”这难道不是我们看待别人的方式吗？或者

我们会担忧 :“这对乳房是不是太大了点? 乳汁太多了? 我会不会淹死或透不过气来? ”事情会变得更复杂，是因为别人也以同样的眼光在看你。那就像是两对乳房在彼此检视，看看对方的乳头在哪里。

从某个角度来看，一般所谓的“成年生活”只是第二个婴儿期罢了。当我们还是孩子的时候，滋养、照顾、保护、释放压力以及慰藉，都是由父母提供的——尤其是母亲。随着人格的发展，孩子会逐渐脱离母亲而独立，但这件事必须借由将母亲内摄到心中，重新创造出一个母亲，才能真的达成。你的心中已经有了一个母亲，所以从某个角度来看，你仍然是个婴儿，母亲仍然跟着你，而你也认为自己还需要她。你是多么不想失去她，多么害怕分离，内心深处你仍然认为自己需要母亲的陪伴。

然而你心中的母亲并不是一个实质的东西，她已经变成你无意识里的一种情绪了。你的行为像她，你一直在寻找的人也像她，你的感觉跟她的感觉是一样的。你会寻找一个和她对待你的方式一样的人，借由这些方式，你永远有母亲的陪伴。成年人的自我或人格其实就是个婴儿，不过现在母亲已经换成了不同的样貌。即使是那些不认为自己需要母亲的人，那些与母亲有负面经验的人，仍然在无意识地寻找一个负向的母亲，虽然与他们意识到的感觉刚好相反。母亲仍然是原先的那个母亲，你只是把她的形象向外投射，希望找到的对象能跟她一样。或者你期待有某个人能为你做尽母亲为你做的事，此外你也可能向社会寻求安全感、慰藉及生活所需。

因此在情绪上，人格继续和母亲维持着共生关系。在生理上我们是长大了，但情绪上还没有。我们继续无意识地相信自己不可能像成人一样独立自主，以为自己仍然得仰赖别人才能获得爱、赞同、认可、滋养、联结和快乐。大部分的人都是这么认为的 :“除非拥有一个伴侣或至少有个爱人，否则你怎么可能变成有事业、有美好生活的成人? ”这是大部分人的想法，他们从不去质疑这个想法，只是一味地认为自己需要爱。没错，他们确实需要，不过这只是他们人格的想法，一种通过情绪上的依赖而产生的想法，可是人们却称之为爱。

即使你是独身的，既没有婚姻，也没有一份关系，更不属于任何团体，你仍然和母亲相连——你内在的母亲，你和那个不断在鞭笞你的“超我”一直是相连的。但超我为什么会鞭笞你？因为它使你觉得母亲还在你身边。小的时候，母亲永远在批评你，因此每一回你感觉自己像个小孩时，内在的母亲就会冒出来鞭笞你，那时你就觉得安全了。你可能会抱怨，可是你仍然感到安全。

学习如何为自己提供情感所需，如何爱自己

一般的学校往往以非常实际的方式帮你长大成人。你学会记住各种的资讯，也学会了各种谋生的技巧，并总是照着老师教导的方式行事。一般的学校不会教你在心理上如何变得成熟，但是在我们这所学校里，你有许多机会可以获得心理上的成长，在情感层面逐渐变得成熟，成为真正独立自主的人。你要学习如何为自己提供情感所需，你要学习如何给自己爱、慈悲、赞同、认可、支持及力量。你不再认为自己必须从外面获得这些东西。

大部分的人如果无法从外面得到爱，都会抱怨、抗议和痛苦，但成人是不抱怨的。一个在情感上臻于成熟的人会从内心取得对自己的爱，而不再无意识地认为得不到爱就会死。你可能以为这意味着成人就是孤立的，无法与人产生关系的，然而这还是一种孩子式的恐惧。只有孩子会认为：“我会变得孤单一人，这多么恐怖啊！”成人是不怕独立或孤独的。成人知道他可以选择独立或是与别人生活在一起。

在成长的过程里，最重要的事就是不再需要你的母亲或父亲，不再需要内在或外在的母亲。在消融内在母亲的过程里，你不能再害怕自己得不到支持、保护、慰藉或滋养。你必须认清你的内心自然会有

这些能力，取代母亲的就是你的本体。变成一个成人就是去发现、整合以及发展出你的本体。本体就是你，它不是你从母亲那里学到的某种东西。它不要求你像母亲一样，也不要求你跟超我相连，你只要做真正的自己就够了。然后你自然会得到童年时母亲给过你的东西：爱、慈悲、支持、智慧、知觉、保护、快乐、满足、自由。本体能带给你这所有的东西，因为本体就是支持，就是力量，就是智慧。

如果你向别人要求这些东西，就是咎由自取。你取得的是什么呢？心理上的婴儿状态。每个人都是匮乏饥渴的，心理上总是贫穷、软弱、缺乏觉知。你从外面得来的往往是挫败、痛苦和失望，只有回到本体，才能发现真正的爱、支持、知觉、智慧、力量和保护，这些东西以十分单纯的方式存在于本体之中。如果你转向外在的世界，得到的只会是痛苦，但如果转向本体，你就会发现你想要的东西。你会发现自己的本质，而它就是你想从外面得到的那些东西的源头。所以长大成人的过程，就是去学习最基本的自然律，学会逐渐趋近于它，直到你彻底而完整地变成你的本体，并且认清它就是你所追求的一切。

这就是为什么从古至今所有的宗教和修行途径都强调向内观察。"看进自己的内心"，他们说。"认识自己"并不是一种道德或宗教训诫，它指的是如实看见事情的真相。看进内心并不代表你会变得良善，这只是事情运作的唯一法则罢了。它是最实际的一件事。我已经在这个议题上探讨许多次了。当我谈到心轮时，我说过重点就在向内观察或向外求取。如果你把注意力转向外在，不但会得到外在的东西，而且这个向外的活动会立刻把内心的门关上。但如果你转向内在，转向本体，心轮就会打开。这便是心的基本定律。

转向内在的两种途径

这个原则可以通过两种方式来进行，一是有神论的途径，二是非有神论的途径。西方所采取的是有神论的途径，譬如基督教和伊斯兰教的传统，都是环绕着某个“神”或“上帝”而形成的宗教。这些传统主张，如果你向“神”看齐，你就会上天堂，如果向别的东西看齐，你就会下地狱。你必须具备绝对的信心、绝对的顺服心、绝对的开放性，以及彻底向“神”看齐的精神。这其实是朝向本体的一种内在活动，因为“上帝”即是我们的本体、本体之中的本质以及本体的源头。因此，你如果把注意力调向本体，就会进入心的次元，也就是上天堂了。但如果你注意别的东西，就会得到我们所谓的“假宝石”——人格——以及如地狱般的痛苦和不幸。

非有神论的传统——譬如佛家与道家——并不假设有一个“神”的存在。佛家时常提到四圣谛。第一圣谛是苦谛，它就是人格的本质，第二圣谛指的是苦的起因源自于欲望，第三圣谛指出苦是有出路的，第四圣谛便是解脱道。因此先有苦，再找出苦的因是欲望，然后看见熄灭欲望是有可能的，最后要认清的则是解脱欲望的那条道路。欲望指的就是向外求取，我们总是在向外追求一些东西，欲望的熄灭则是一种向内的活动。

有神论的途径强调的是情感，其他像佛法这类的途径则是一种理智的洞观。它们基本上是相同的东西。

长大成人就是要学会这个基本真理，接受它，并且照着它去做。你可以大哭大闹地责怪别人没有满足你的愿望，但如果你能坚持内在工作，你就会亲眼看见这个真相。在过程中你还是会抗议，会以各种方式来抗拒，不论是粗糙的或微细的，直接的或不直接的。在成长的过程中要放弃孩子般的态度，会令你生出许多恐惧，因为你可能会认为你没有能力满足自己的需求，以为除了向外求取就没有别的路了。

但长大成人还是有可能的。然而什么是“成人”？你心目中的成人只是一个可以照顾你的人罢了，可是为什么你不认为你能照顾自己？你认定这是父母该做的事；为什么你不认为自己也能做得到？原因是你仍然想继续当婴儿，紧抓着心中的父母不放。一旦真的愿意成长，本体就会变成你的父亲和母亲。

在长大成人的过程中，你必须看透自己是在假扮成人。看透了那些虚饰之后，你就必须面对你的那些孩子气的心理活动了。你必须去观察、经验、面对和了解自己的渺小、匮乏、恐惧、不妥当，以及你所认为的不妥当究竟是什么东西。这些不妥当和匮乏的信念，会使你产生一种不满足的感觉。

有时你会觉得挫败和失望，只因为我没有扮演好你的父母的角色，这是你们必须了解的一件事。如果我一直扮演你们的父母，你们就会继续停留在婴儿状态。我们这所学校的目的不是要照顾你或让你觉得舒服一点，我们在这里是要学习做成人，学会照顾我们自己。

第十四章 学生与老师的关系

老师不会因为从你那儿得到了什么而心满意足，事情不是这样的。就像雨水洒落大地一般，雨不会去思考："喔，太好了！这些树都是因为我而得以成长的。"雨只是自然地洒落，这便是它的本质。没错，雨确实把自己给了大地，但它并不认为自己在给予，也不期待任何回报。

今天我要谈谈你们与内在工作、其中的教诲及老师的关系。内在工作根据不同的文化已经发展出许多种形式，也在历史上出现过无数次了。从根本上来看，这类的教诲就是你存在的生命线，不论你喜不喜欢，赞不赞同，感觉好或不好，这都是事实。你的工作不是去接受或拒绝这个事实，也不是去赞同或不赞同它。如果你够诚恳的话，你会试着去认清这个事实，并学会利用它来重获你真正的生命。缺少了这些教诲，一般人会停留在不发展的状态，变成一个潜能未发展的人。如果你只想当个普通人，不去拓展自己的潜能，你是不需要内在工作的。但如果你真的想实现自己，活得像个完整的人，就必须努力地认清，内在工作才是真实人生的生命线。

内在工作不是一种额外的东西，如果你把它视为一种额外的东西，就无法从中获益，它的影响以及它滋养的管道就会封闭起来。你必须和内在工作建立起正确的关系，它才能有益于你；如果把它当成了额外的东西，一种能带给你趣味的东西，它就会跟其他的事一样变得毫不重要了——就像参加俱乐部或舞蹈班一样。数千年来，任何一个和内在工作有关的人，都应该把这份工作当成生命中最重要的事，否则是不能带来任何利益，也不能带来任何意义的。

大部分人并不喜欢听到这样的话，他们可能对内在工作已经有了各种既定的想法和观念，而不想看见这个基本事实，因为一旦认清了内在工作真正的重要性，一定会威胁到自己虚假的生活。内在工作会引领你进入真正的生命，它是你真实人生的生命线，它就是你的本体、你的存在。因此，你和内在工作及教诲的关系，必须等同于你和本体的关系，因为教诲、本体及内在工作都是同一个东西。

内在工作就是要你证悟真正的个人性

如果你非常仔细地观察自己，你会认清你和教诲的关系永远等同于你和本体的关系。人们经常会从权威的角度来看待自己和教诲之间的关系，他们要不是喜欢当追随者，就是拒绝当追随者，他们总是把老师当成权威来对待。因为如此，他们势必会经历对权威的批判和情绪上的议题。然而我们这里并没有权威的问题，不是某人通晓了一切而别人什么都不知道，也无所谓要追随任何人。如果你的重点是放在证悟你的本体，做个真实的人，上述的议题都变得不重要了。谁会在乎自己有没有追随者，或者你追随的人是谁？谁会在乎你喜不喜欢老师交代你去做的事？谁在乎你对老师的要求是否感到害怕？谁在乎你赞同或不赞同？这些反应都是一些琐碎的小事——跟你的真实生活、你的人性相比，这些都是微不足道的事。成为本体，成为你真实的本质，就是如实地存在着。以我的角度来看，一个没有活出本体的人，根本就没有真的在活。如果一个人不认识他的本体，没有活出本体，他的人生就算完全浪费掉了。

如果你能了解你和老师及教诲的特殊关系，或许能帮助你进行内在工作，但没有人强迫你接受这份关系，一切都由你自己来决定。如果你想了解其中的教诲，就必须尽量去理解你和它的关系，并且要把它实践出来。那就像是愿意成为某个国家的公民一样，想不想成为她的公民是你自己的选择，一旦决定要成为某个国家的公民，就必须服从那一国的法律和规则。

内在工作之一就是要你证悟和确立你真正的个人性，但并不意味确立个人性就会跟内在工作对立，因为内在工作便是个人性的本质所在。假如你觉得确立个人性会跟内在工作对立，那么你所确立的一定不是真正的个人性，而是错误的人格。假设你还是无法认清这一点，那么你当然应该努力去看清楚它，而不是企图合理化自己想做的事。我们必须认清内在工作为何是真实人生的生命线，这意味着你和教诲的关系必须包含着尊重、体恤、爱、珍惜、感恩和服务，不论当时的感觉和意见是什么，因为这都是发现本体必备的态度。一旦了解你和教诲的关系，就能体认你和本体真正的关系是什么，因为教诲能阐明本体的真实意涵。

内在工作之中的目标、规范和任务等等，可能会激起你内心的某些反应。不论反应是什么，你都必须去了解它们而不形成外在的造作，否则你就是站在虚假人格的这一边来对抗本体。我的意思不是说你应该谴责或批判你的反应，而是必须去理解它们。内在工作有一部分就是要制造出这些反应，让你有机会观察和研究它们。内在工作并不想对你做什么或为你做什么，它只想帮助你更能做你自己。内在工作的原则、概念、理念和结构，就是源自于你想证悟的那个本体。

你的态度会封住通往本体的那扇门

你需要去认清你在内在工作上投射了什么东西，而那份投射跟自己又有什么关系。每一次你如果怀疑内在工作，对抗它的某些原则，反叛它的某些规范，并且认同自己的态度，你就无法从内在工作中受益。因为带给你利益的管道已经被你的行为封住了。在古代，人们会说你配不上内在工作，不适合进行内在工作。我认为这一类的论调大多来自于超我，比较好的说法应该是，你的态度会封住通往本体的那扇门。

如果你尽力去了解你在这里所产生的反应，你会发现某种无意识里的议题，某种内心的抗拒。有时你很难从这些观察中学到什么，或许你已经体验过它们上千回了，但每一回你认同的仍然是自己的情绪，就好像永远也学不会似的。每一回当你认同自己的反应时，你就像是睡着了一般。你为内在工作付出了许多心力、时间和金钱，但是跟自己所获得的一切相比，这些都是微不足道的东西。况且你付出的时间、能量和金钱都是有限的，与本体相连，是不能从时间、能量和金钱的角度来衡量的。如果你认为自己花费了许多时间和金钱，这样的想法就会把通往本体的管道封闭，因为你是在跟内在工作做生意。

在古代，学生必须把一切都奉献给老师——所有的金钱，所有的时间等等——因为那是最有效的方式。我们不会要求你做这种事。有许多故事都在述说某个大师或老师要学生付出生命，才愿意教他一些东西。在古代这件事是这么的重要，但现在不可能再如此地夸大老师对学生的重要性了。

你不能否定本体的重要性，因为它就是你。缺少了它，你什么也不是，了解这一点是内在工作最重要的一部分。你可以有许多意见或想法，但是不该对内在工作下论断，除非你真的深入领会了其中的原则。如果你真的想从内在工作中获益，就必须了解你对它所下的论断或意见是什么，这样才能得到足够的滋养来发展你的本体。有时你也需要质疑你的内在工作，不过这只是为了发现真相，以开放的心来面对真相。

你必须不断地努力将内在工作置于一切事物之上。发现内在最珍贵的东西，就是你的道路。缺少了本体，你的人生又有什么价值？如果无法证悟本体，那么你的事业、关系或是你的性生活又有什么意义？因为你的本体才是圆满的源头。你或许会变成百万富翁，拥有上百个爱人，可是如果无法证悟你的本体，这些东西都是空洞的、无意义的。你可能拥有无数的理念，但如果不是源自于你真正的本质，它们就是毫无意义的，如同尘土一般。

这并不意味你必须决定眼前该选什么才好：做内在工作，还是别的事。真实的情况并非如此。你一旦了解了内在工作，就会发现内在工作一向是真实人生的基础。如果你的本体不涉入你的生活中，那么无论做什么都是毫无意义的。不要以为你能独自进行这件事，因为大部分时候你的超我都在掌控着一切，你的无意识也在操控你的人生。你可能会告诉自己："我不需要内在工作，也不需要任何人的帮助，我会找到自己的路。"某些人确实会产生这样的想法，然而那个说话的人又是谁？除非你的本体已经变成了你人生的核心，否则你是无法独自进行内在工作的，你还是需要一位老师或他人的帮助。

雨并不认为自己在给予，也不期待任何回报

一旦认清你和内在工作的关系，这份认识自然会帮助你进行内在工作。跟教诲建立正确的关系，就是毫不迟疑地把自己交给教诲，既不期待任何回报，也不认为自己给出了什么。如果能做到这一点，你就是在活出本体。我所谓的正确关系就是把自己交给教诲，教诲并不想从你那里得到什么，教诲或内在工作既不需要也不想要你的任何东西。

那是一种很奇特的状况：眼前有个存在或源头，它一点也不想从你那儿得到什么，可是你却需要从它那儿得到所有的东西。不过你必须把一切都交付给它，才能得到某些东西，这便是本体的特质。这跟无意识以及自我的运作——什么也不想付出，只想得到——刚好是相反的。人格通常只想获得，当它付出时，目的也只是想得到某些东西。本体不做这件事，本体只是付出而不考虑它在付出，它也不想得到什么回报。本体就是圆满的存在。

和教诲建立起正确的关系，将会创造出你和本体的正确关系。如果能达到这一点，你就会成为你一直在追寻的那个东西！因此，即使把自己完全交给内在工作，你还是会有收获的。要做到这一点，你必

须检视你的无意识，了解是什么东西混淆了内在工作。不论你对内在工作抱持多么不同的看法，最重要的就是不去认同那些感觉，尤其是在对内在工作生起批判、对立，或是对别的事感兴趣的时候，因为那时你的无意识正企图护卫某个对你而言非常重要的东西。真的涉入于内在工作,这类事很难不发生。你一旦决定把自己奉献给内在工作——也就是奉献给自己——你的无意识很可能会奋力抵抗，因为它的任务就是要让你和本体保持距离。所以当你对内在工作起了矛盾时，反而是个观察自己的好机会。你可以认清你跟本体之间到底有什么障碍。

就像我早先说过的，内在工作并不想从你那儿得到什么东西，虽然如此，它还是会卸除你必须卸除的一些负担。不论你有多么依恋你的负担，本体还是会拿掉它们，然后把你还给你自己。内在工作并不是要给你什么好处，它依循的是自然规律，所以是非常客观的。

老师不会因为从你那儿得到了什么而心满意足，事情不是这样的。就像雨水洒落大地一般，雨不会去思考："喔，太好了！这些树都是因为我而得以成长的。"雨只是自然地洒落，这便是它的本质。没错，雨确实把自己给了大地，但它并不认为自己在给予，也不期待任何回报。

你的内在工作有一部分就是要去理解及实践你和教诲的关系。你要了解学校的规范、作息会带给你什么样的冲突和障碍，并且要尽量厘清你和老师及内在工作的关系。更实际一点地说，你不妨观察一下自己是如何安排生活的，如何才能守时，该在什么时间付学费等等。这意味着你必须永远清醒地做这些事，记住所有的规则，并且尽可能地实践它们。借由这些事，你才能当一个负责任的成人，才能跟你的本体建立起正确的关系。如果做不到，你就无法跟本体建立起关系。"喔，让我把其他的事先做完，再做这件事吧。"这种拖延的态度怎么可能有效呢?

当然，你或许是有理由的。有时你会因为无法控制的理由而迟到，但假如你能自制，你就有能力选择了。这时你就是在进行内在工作，你可以借由对无意识的理解而对人格做一些重要的工作。我们这里的规则偶尔会变动一下，目的乃是要激起你的反应，让你有机会观察它们。譬如我上次所提到的那个原则：凡是想加入这个团体的人，必须参与所有的聚会，只有特殊情况才能例外，这是你必须遵守的规则。可是这和我有什么关系呢？你来的次数少，我的工作就少一些，我何必要求你每一个聚会都参加？我们其实是在观察你的情况，看看你是如何在进行你的内在工作。我们要以最有效的方式让你从教诲中获益。如果我不关心你，我会任由你一个月或两个月来这里一次，我不会有什么损失的。

理解自己就是一种转化的过程

跟教诲建立起正确的关系，并不是要你盲从，虽然古时候的老师确实有这样的要求，也就是所谓的“顺从法教”。从最根本上来看，这其实是要你心甘情愿地顺从教诲和你的本体。这种顺从的态度之中具备了一份理解，因为你知道这种态度是最有效的。如果你了解了你的无意识，自然会具备这份理解。和教诲建立起正确的关系，意味着学习如何顺受，如何成为教诲清明无碍的管道，这会使你跟本体之间的管道畅通无阻。无意识即是障碍所在。

在理解和实现这份关系时，你会被迫面对无意识里所有的成分——里面的感觉、意见、偏见、情感等所有的模式。当你在观察这些心理议题时，必须抱持着不认同的态度。你必须对你的无意识和你的冲突有足够的了解，才能开放心胸接纳老师的教诲。但这还不是最正确的认识。认清无意识及人格的冲突只会阻碍你的开放度，这才是真正顺受的态度。这便是付出，就是领受。不是内在工作完成之后你才领受。理解的过程便是一种给予和领受，理解自己就是一种转化的过程。内在工作会安排一些情况让这个转化过程发生，这句话并不是说除了这里所做的事之外你就领受不到什么了。如果你真的在进行内在工作，你的意识和无意识自然会有所领悟。你的付出会让一切进行得更顺利。随时体认到教诲的内涵,这就是你的滋养。你的付出会促成某种化学反应，本体某一部分的精华将会被你具体地示现出来。

你们已经读过奥斯宾斯基（Ouspensky）谈到葛吉夫对食物转化的解说，这就是我现在所谈的东西。食物已经在眼前了，它会转变成你本体的食物，但某件事必须发生；你必须通过内在工作来了解自己，通过一些震惊的事来帮助你转变成一种新的形式，更精微的形式。那就是你的本体。

通常你是无法客观看待事物的，你无法正确地理解教诲，是因为你会把超我或父母投射到老师及教诲身上，这是最主要的障碍。你以为内在工作就是你的父母，你以跟他们相处的方式来跟老师及教诲相处，认为老师也会以父母亲的方式来对待你。如果我要你做某件事，你会认为我的动机跟你的父母是一样的，于是心里就产生了各种意见和反应，而无法认清真相。如果能试着去了解这层关系，你就不会再以对待父母的方式来对待老师了。

我并不是要你一味地信赖教诲或老师，如果教诲是真诚的，那么你就必须理解是什么东西使你无法信任它。你必须扪心自问：“是什么东西使我产生了这些感觉？无意识里有什么东西形成了我的态度？”不信任教诲的原因，通常都跟不信任本体是一样的。你们大部分人都不信任你们的本体，都不相信它早就在照顾你们了。你不认为它才是你们真正需要的东西，也不相信它是真知的。你们只愿意听母亲的话。

对你而言，和教诲建立起正确的关系意味着不忠于母亲。这就是你的超我、你的人格、你无意识里的想法。耶稣曾经说过：“离开你的父母，跟随我。”他指的就是通常你只听信母亲的话。虽然你一直在对抗她，虽然你争辩、愤怒，可是你仍然听她的话。人们不肯听耶稣的话。耶稣并不是反对母亲或父亲，他的意思是，你应该听从本体的教导，而不是听信你的超我。

我们的结论就是，你必须转化对父母的忠诚度，大部分的人即使是吃尽苦头、怨恨父母，在心底深处都是忠诚的。不过我们迟早还是得作选择：忠于无意识里的父母所带给你的局限，还是忠于那个能带给你解脱和真正的安全感的本体。

向内观看就是走向光明

你现在有个机会可以跟一个真实的人建立起直接而诚挚的关系，这可能是你一生中最真实的一份关系，而且这份关系能帮助你改善其他的关系，这个机会能带来真正的利益，使你不再依照无意识里的偏见而活。

如果有人不按照内在工作的规范和原则行事，我是不会让他们待在这个团体里的。如果他们不按照指示来进行内在工作，显然他们不会有所进展，那么留在这里就没有意义了。为什么要浪费时间呢?

我发现学生对内在工作的规范有好几种反应模式。每一次当我们更改某个规范时，有人就会提出抗议，还有的人会不喜欢它，有人则不服从。这时我就必须做些事来帮助你们理解这里的规范，这对我而言并没什么问题，不过如此一来你们反而失去了靠自己来理解这些规范的机会。另外我还发现，一段时间过后，有的人会松懈下来；他们忘掉了这里的原则、规范和作息，变得不守时或旷课，这时我就必须做出一些事让他们记起这里的规则，可是我如果这么做的话，你们就失去了自己学习的机会。我会继续提醒你什么是内在工作的准则，不过你也必须提醒自己。假以时日你自然会脱离老师而独立，你会靠自已建立起与本体的正确关系。你会选择它，渴望它。你会有意识地和你的本体以及对本体最有利的事物相应。

学生：我发现我进行内在工作的方式，往往取决于我对事物的看法。大部分的时候，除了我的超我、欲望以及幻觉之外，我什么也看不见。那就像是把全部的注意力都集中在眼前的一点了。我很想了解这种情况是怎么形成的?

阿玛斯：通常你所能感觉到的都是人格，所以最好去深入地理解它，因为理解或试着去理解，就是在跟本体相应。想要理解的这份渴望及其所带来的结果就是本体。你必须一边安住在当下，一边试着去了解你的心，这么做会使你跟本体相应。这并不意味你要寻找本体，本体不是你能找到的东西。你只能通过某种行动把本体活出来。当你处在这种状态时，你甚至弄不清楚自己已经在这种状态里了。但是你的理解如果越来越深，越来越具体，你就会开始察觉是什么东西在你的心中深化和具体化。那并不是一个遥不可及的东西。本体不是黑暗尽头的光明。向内观看就是走向光明。通过理解，你会越来越体现出那份光明，因为明了的本身就是光。

学生：你的意思是不是说我们不该向内寻找我们的本体?

阿玛斯：是的。你什么都不能寻找。你只能观察当下的经验。如果去寻找某个东西，那必定是无意识里的一种态度。你想要的东西大部分都能被找到。换句话说，行动和目标是两个不同的东西，而且行动通常都会导向目标。内在工作不是这样进行的，因为行动就是目标。当你探究本体时，你的体认不会把你导向另一个东西。这门功课是很难学会的，因为人格通常渴望以主客对立的方式运作，那是一种将你导向某个地方的行动。这便是心智的惯性活动。对内在工作而言，这不是正确的态度。

以下是伊德里斯·夏（Idries Shah）这位苏菲导师所传述的一则寓

言故事。

贪心的儿子

有一个勤奋而慷慨的老农夫，他有几个贪婪而懒惰的儿子。老农夫临终时告诉儿子们，如果他们去挖某块田地，可能会找到他的财宝。老农夫一死，儿子们立刻赶去那块田地，把地从头到尾都掀开了。但是他们在指定的地点并没有发现黄金，这时他们开始变得非常紧张和慌乱。

最后他们还是没找到任何黄金。他们想起父亲是一个慷慨的人，那些黄金一定是在他活着的时候就被送掉了，于是只好放弃寻找的念头。后来他们又想到，既然土已经翻好了，干脆就种一点东西吧。没想到他们种下的麦子竟然丰收，他们把这些收成卖掉之后，赚了一大笔钱。

收成的季节过后，儿子们又开始觉得田里还是有可能埋着一些黄金，于是他们又去挖土，结果还是不见黄金的踪迹。

几年下来，他们已经习惯了劳力工作，也了解了四季的变迁，这时他们才发现，原来这就是父亲训练他们的方式。他们终于变成了诚实又知足的农夫。他们发现自己已经拥有了足够的财富，从此再也不需要挖宝了。

这则教诲可以帮助我们了解人类的命运和生命的意义。老师经常要面对学生的困惑、不耐烦以及贪婪，因此他必须将学生导向他们所熟知的建设性活动，为学生带来利益。但学生可能还弄不清楚这个活动的目的是什么。

第十五章 无懈可击的战士

无懈可击是一种实事求是的态度，你不必期待自己做出无法做到的事，你只要尽力而为。无懈可击之道一定会引出各式各样的不确定感，但最终你一定会变得很笃定，对自己十分确定，然而这份笃定跟头脑没有一点关系。

我们对内在工作往往抱持着某种目的，不论我们的理由是什么——想要解脱、开悟或自我认识——通常都有好几种方式可以达到目的，其中有许多途径、派别和各种的教诲。有的教诲是针对心智的，有的是针对情感的，有的则是针对腹部能量中枢。有的教诲主张空观，有的主张觉察，有的主张融入，有的主张爱，有的强调慈悲，有的则强调意志。每一种方法都专注于某个面向，所采用的也是某种特定的方法、方程式或概念。但是空观、觉察、爱、慈悲等等，只是这整个画面的一部分。其中的每一面都可说是同一颗钻石的不同切面。所有的教诲与不同的途径都会通往同样的境界。

譬如有关实相的教诲，就是在强调某个特定面向的专门途径。它会采用特殊的方法来证悟实相，并企图用同样的方法通达其他所有的面向。某些教诲也可能包含一个以上、甚至许多的面向。假设你想追随其中的一种教诲，你就必须对它奉献到底而排除其他的途径，因为其他的途径会令你分心。我们这里的内在工作具备的又是什么样的内涵呢？我们称之为“钻石途径”，我们不称其为实相的途径、爱的途径或意志的途径。称其为“钻石途径”是基于某种特定的理由。因为这个途径就像钻石一样具有许多切面，它不只是专注于一个或几个面向，而是关心所有的面向。我们这里所采用的是有关真相的教诲、爱的教诲、清心的教诲、意志的教诲、慈悲的教诲等等，但并不执著于其中任何一种。我们会运用所有的面向来创造出一个平衡的整体，我们要从各种不同的角度来经验同一个东西。

我们可以说它是一个专门的学派，它探索的是这整颗钻石而不是其中的一面。它不只是专注于某一种态度，它要探索各个不同的面向来平衡这些态度。譬如说，我们发现臣服是很重要而有用的态度，但我们同时也看到，对真相的好奇也很重要，很有用。我们发现决心和意志是有益的，不过我们也发现清心是非常有帮助的。这所有的东西都要组合起来形成一种平衡的态度。最后它已经不再是一种态度，而是没有任何态度了。

我们探索不同的面向，不同的态度，为的是创造出团体成员的正确心态。有时我们谈论慈悲，有时探讨真相，有时讨论到意志，有时则探索内心的祥和，探讨的题目完全视全体的需要而决定。我想要提醒的是，这些讨论都具有非常确切及实际的目的，并不是理论上的鼓舞。今天我要谈谈其中的一个面向，这是我以前从未探讨过的。那是一种态度、一份理解，也是我们进行内在工作不可或缺的观点。缺少了它，内在工作会变得十分困难，效果也会打折扣。

越是在自己的心地上下工夫，越能看见它的混乱

在钻石途径里,每一个主要的面向都有一种相关的“匮乏感”或“坑洞”。今天要探讨的是一个经常出现的坑洞，看看我们能不能以最好的方式来对治它。当你面对你的放纵倾向时，这个坑洞就会被揭露出来。放纵就是任由你的弱点去掌控优点，放纵便是允许你不健康的那个部分去掌控你的生命，即使你知道那是不健康的。放纵就是明知道你必须做某件事却懒得去做它，并且允许惯性倾向操控你的人生。放纵乃是“确知”的敌人。

现在来谈一谈你们最初来这里的情况。很显然地，你们来这里是为了进行某种工作。你们知道自己的人生少了一些东西，它并没有照你们的意愿发展，或是不如自己的想象。可能是基于有意识或无意识的理由，你们来到了这里，因为自己知道必须采取某些行动了。自己

必须对某些事有所认识，也必须有所改变了，这些都是正确的观念。每个人几乎都需要内在工作，因为每个人的人生都可以说是一团糟。越是在自己的心地上下工夫，越是能看见它有多么混乱。通常一开始的时候，你不会允许自己看见它的混乱，因为那会造成太大的冲击，因此你只会偷偷地瞄一眼。你瞄到这个部分有一点混乱，那个部分有一点混乱，最后你发现几乎每一个角落都是混乱的。当然，你越是发现自己的生命是混乱的，你就越会生起想要清理它、使它井然有序的冲动。

老师会教你某些方法、概念和教诲，而你也必须进行一些锻炼以便了解自己，然后把混乱化为秩序。越是深入，就越能知道自己需要做什么。你经常能发现困难是什么，自己必须做些什么。你时常会意识到自己的某些弱点，某些在面对生活时的不妥之处，你会深入地了解你的无意识以及它操控人生的方式。在你加入这个团体聚会的头几个月里，你大概已经把所有需要用到的工具都学会了。

但是你通常都在做什么？你已经有了工具，有了资讯，也有了理解，这时你会不会全心投入内在工作呢？如果像大部分的学生一样，你可能会一天进行一小时的内在工作，但其他的时间你都在做什么？你会耽溺在一些习惯和倾向之中，而且很清楚它们是有碍你的解脱、你的发展，甚至是有碍你的健康的。你很清楚问题所在，但仍然维持旧有的模式。如果你审视自己，你就会看到这些倾向。经过一段时间的自我探索，你自然会知道阻碍你解脱的模式是什么，但大部分的时候你仍然会继续维持它们。

譬如说，你总是爱上某个你知道可能会排斥你的人，这种事已经发生二十几次了，而你自己也非常清楚这一点。这时有两个人同时找上门来，其中的一个人排斥你，另一个则不会，结果你却立刻选择了那个会排斥你的人，对不对？

再以冥想为例。你知道我们每天都要打坐十五分钟至二十分钟，你心里很清楚这是很有帮助的事。你知道每一次做这件事都能从中获益，但是你并没有去打坐，还是赖在床上。或者一有朋友打电话来，就立刻跟他出去吃饭了。也可能你正打坐时电话铃响了，于是你中断了禅坐去接电话，这都是在顺着习性模式走，这就是耽溺。你甚至会耽溺在对你有害的事物里，虽然你明知道如果继续下去明天可能会死掉。或者你已经设定了某个目标，但是却有时做，有时不做，如果做也只做到一半。你知道自己可以做得很好，但就是不肯尽力而为。

未负起自我规范的责任，就容易耽溺于事物中

放纵可能是对各种事物的耽溺。你可能会耽溺在你的懒惰中，耽溺在你的忧郁、你的恐惧、你的神经过敏、你的忙碌、你对自己或别人的讨伐之中。你会耽溺在自我批判以及对他人的批判，耽溺在逃避事情、拖延事情或谈论八卦里。你人格之中的任何一种态度、感觉或无意识里的倾向，都可能变成你耽溺的对象。这便是人格的特质之一：不断地耽溺。其实你很清楚这只是人格在作祟，你也知道这是你在人格成长的过程里学来的习惯，虽然一点帮助也没有，可是你仍然继续放纵下去。譬如说，你很清楚你的恐惧是没有任何依据的，但下一次某个情况出现时，你仍然会按照那份恐惧而反应。你的行为仍然不变，模式也跟往常一样。

你来这里就是为了要在自己的心地上下工夫，为了要处理自己、解放自己。如果你只是一味地放纵，如何能解脱呢？让自己得到解脱可能是人们最渴望的事，也是最困难的事，这需要不得了的毅力和持续不断的努力。我所谓的努力并不是一直抱持严苛的态度，而是必须真的去做那些可以解放自己的事，去深入理解自己以及所有的惯性模式——包括耽溺的模式。你们有些人可能会利用我现在所说的话，作为超我轰炸自己的武器：“啊哈，耽溺！坏东西，坏东西，坏东西！”你不断地

耽溺在讨伐自己的反应之中。我并不是要你利用我的话去攻击自己。

因此，耽溺总是伴随着一种倾向或态度，而你也很清楚这种倾向对你的解脱、你的健康、你的发展都不利，结果却可能是不再为自己负责了。你的人生不在你的手中了，这意味着你正在等待一位救主，而救主可能有各种形式：一份洞见、一种祝福、一个人，或者认为事情迟早会改变，于是时间也变成了救主，但这样的信念也是一种耽溺。只要看看那些七八十岁的人，你就明白这句话的意思了。时间有没有改变他们？通常是有的，不过大部分是朝着错误的方向在变。他们的模式并没有消除，他们只是钙化了。

因此我们到底能做什么？对治耽溺最好的方式是什么？从根本上来看，耽溺所以会形成，是因为你没有负起自我规范的责任。你期待别人、时间、上帝之类的东西为你负责，这跟婴儿的态度是相同的，因为他不知道该如何规范自己，所以总是期待外在的事物——譬如母亲，来清理他、喂养他、慰藉他等等。对婴儿来说，那不是一种耽溺，因为他无法为自己做什么，母亲必须负起责任。做个成人则意味着要照顾自己，做所有对自己最有利的事，耽溺只会掩盖住自我规范上的不足，也包括自制力的不足。

学生：我的问题是，我经常把快感视为一种耽溺，我不知道自己是否能区别健康的快感和耽溺式的快感。

阿玛斯：耽溺通常都跟依赖别人的照顾以及对快感的期待有关。耽溺是源自于母亲曾经为你做了一些令你舒服的事，因此当你在耽溺时，你就是在试图和母亲接近。她的某些感觉仍然在你左右，就像空气中的某种甜味一样。你还在空气中搜寻那股朦胧的甜味，那种当某人在规范你时的暧昧快感，譬如母亲为你擦屁股这件事所带来的快感。当你还是个婴儿时，母亲进来为你擦屁股，被照顾的感觉十分美好，因此长大成人之后，如果你把事情弄得一团糟，或者遇上了某种麻烦，你也还是期待有某个人能帮你擦屁股，为你清理一切。这就是耽溺。耽溺通常会激起一股暧昧不明的快感，那并不是真正的快乐，而是一种跟母亲贴近的感觉，这会使你想起小时候被母亲照顾的快感，一种渴望被照顾的期盼。

你现在已经明白了耽溺会变成障碍，它会阻碍你的内在工作和你的解脱。解脱需要强大的毅力和奉献精神，需要你付出最大的努力，如果继续耽溺下去，人格就会占上风。

对治耽溺，需要战士精神

因此，我们该如何处置自己的耽溺、各种的倾向和态度、明知对自己不利的一些行为，以及种种使自己陷溺在人格里的东西？学习如何对治耽溺，意味着你必须拥有某种洞识，某种与内在工作有关的正确态度，它跟你在每个当下所采取的行动有关。

现在我们该说明一下，对治耽溺的主要方法就是“战士之道”（the path of the warrior）。当你在自己身上下工夫时，你需要的就是一种战士精神。如果真的想进行内在工作，你必须像个无懈可击的战士（the impeccable warrior）一样地工作和生活。每件事都需要以无懈可击的态度去执行，每一种态度，每一项任务，每一个目标，都要尽力达成。

但这句话到底是什么意思？无懈可击地做事情并不意味要把它做得完美。让我们来看看有关这句话的一些例子。假设你知道自己必须解决某种倾向，譬如你想停止不断取悦别人的倾向。这时你可能会把不再取悦别人设定为一个目标，但是怎么样才能做到无懈可击呢？答案是，你必须尽可能地在每一个时刻达到目标。

这需要许多的条件。首先必须有觉察力，必须留意自己，这样你才能察觉自己正产生想取悦别人的冲动、欲望及感觉。但这并不意味你必须觉察所有的事，你不可能在每一刻都觉察到每一件小事，那句话其实意味着尽力而为。譬如说，你正在觉察自己，突然有某个你喜欢的人从你身边走过，这时你想当无懈可击的战士，还是婴儿？这时如果你放任的话，就会暂时失去觉察，你可能会说："这个人很特别，给我一种很好的感觉。既然是这种情况，眼前的觉察就不那么重要了，我不需要再那么留意自己了。"在你还没想清楚之前，你已经变成了他的跟屁虫。

那一刻你如果真想做到无懈可击，就必须尽可能地觉察自己，善用已经学到的东西，尤其是当你发现自己不想继续觉察的时候。因为你的认知还不够完整，所以必须把自己已经知道的、已经具备的方法全都用上，包括你最好的态度和最佳的理解，尽量把它们用在那一刻的情况里。譬如，你能尽到的最大努力就是去感觉、去看和听，那么在那一刻你就尽力去看、去听和感觉。不是拿出百分之九十，而是百分之百的力量。你拿出所有的能力、智慧以及你学到的一切知识，这就是战士无懈可击的态度。

以我们这里的作息为例，你知道所有的聚会都是从七点半开始的。你正在吃晚餐，你到这里来的车程是十五分钟，而现在已经七点十分了。你的晚餐快要吃完了，可是你却想再来个甜点！如果你能客观地去看当时的情况，你会算出你需要十分钟才能吃完甜点，这意味着你将迟到五分钟。这时该怎么办？无懈可击的态度是如同剃刀一样锐利的，你要不就无懈可击，要不就办不到。五分钟可能会造成很大的差别，因为你不是无懈可击，便是有所耽溺。有时你可能会逃避作选择而假借一些不够清明的理由："喔，我不知道啊。吃甜点也许只要五分钟就够了。"如果真的看清楚了，你一定会知道，可是你不想知道，只想耽溺。

然而一个无懈可击的战士并不是非得漏掉甜点的。他或许可以点了甜点之后外带，然后在车子里吃掉它。重点并不在吃不吃甜点，重点是在守时。你不需要否决自己，惩罚自己，但是你做事情的方式应该对自己有益，那么你健康的那个部分而非你耽溺的那个部分才能采取主动。这样你才不会被内在的婴儿所掌控。行为无懈可击需要许多条件，包括理解、认知和意志力。

譬如说你正在学习如何不认同，而你已经知道你有多么认同自己的情绪了。在学习不认同的时候，要如何才能做到无懈可击呢？这意味着你必须随时随地不认同情绪，同时要一直保持觉察，留意当下所发生的事。你不能只觉察一下子就说“今天已经够了”，或者“这太困难了，我还是去看场电影吧！也许我不需要如此的不认同，等一下再练习吧。”如果你确实想发展出不认同的能力，就必须真的去尝试。你不能偷懒，不能把它抛到脑后。

最无懈可击的态度，就是尽力而为

虽然如此，无懈可击的战士还是可以放个短假。我们都需要放假，虽然我们做的事是对自己最健康的。譬如你正在学习不认同情绪，而你已经逼近内在工作的某个困难点，你不知道自己是否能承受得起，也不知道是否能继续维持觉察。这时如何才能做到无懈可击，同时又让自己放个假呢？答案很简单，你不去停止觉察，你只是下一个非常清楚的决定：“接下来的两小时，我决定不再进行不认同的练习。”你给自己放个假，你选择了无懈可击的放纵，是谁作的决定？是你，不是你的放纵倾向。你只是认清了你的局限所在，你并没有在找借口。你给了你的放纵倾向一点空间，但是那份倾向并没有掌控你。你作出了一个清醒的抉择，你仍然是无懈可击的。

当你正在学习对治超我时，确实需要做一名无懈可击的战士。你不能以随便的态度去做这件事，不能有时做，有时不做，或者眼前做一点，等一会儿又做一点，这是行不通的。你必须不断地进行这件事，而且是无懈可击地，这意味着若想真的学会对治超我，就必须把它当成首要的目标：“接下来的三个星期，我要学会如何对治超我。”意思就是在接下来的三个星期里，你必须把这件事做得无懈可击。你要一直觉察你正在对治超我，而且要尽力而为，不能只在三十分钟内尽力而为，其他的时间里仍然以旧有的模式来打击自己。如果真想达到目标，你就必须做到这件事。如果不对自己的目标维持连续不断的觉察而去放纵自己，那个放纵者就会被强化。那个放纵者就是你心中的婴儿，一个不愿意负责任的部分，而那个部分一定会继续掌控你的人生。这不是一种道德上的批判，也没有人会惩罚你，但事情就是会这样发生。战士无懈可击的态度是内在工作能够生效的某种洞识。

学生：我有时无法分辨什么是超我在打击自己，什么是无懈可击的行为。我很难看出它们的差别。

阿玛斯：我知道一定会有人问这个问题，你们每个人的心里都可能有这个问题，因为无懈可击是一种很难理解的态度。你心中可能会生起一种微细的不确定感，你很难确定什么才是正确的态度："这么做对，还是那么做才对？""无懈可击到底是什么意思？""这真的是无懈可击的态度，还是超我在作祟？""我是在耽溺，还是在展现出无懈可击的态度？"事情真的有一点棘手。人格是很有力的，也是很微细的。但是你知道吗，这正说明了我刚才提到的问题，人是不可能尽善尽美的。重点不在把事情做得完美，而是要尽力去做。即使是不确定，也还是有两条路可以走，反正不是这条路，就是那条路。当战士不能确定的时候，最无懈可击的态度就是尽力而为。当你不确定的那一刻，可能更需要觉察自己。与其选择这条路或那条路，不如像个抽离的观察者一样来觉察自己。

不确定感一定会生起，尤其是当你在学习如何"存在"，如何无懈可击地行事时。我早先已经说过，"不确知"便是无懈可击的敌人，它是最隐微的敌人。不确知是由不完整的觉察、不完整的认知所造成的。这样的事时常发生，因为你对每一种情况很少能全知，这就是为什么需要建立起无懈可击的态度的原因。但这并不是在要求你必须尽善尽美，而是要依照你所拥有的智慧、经验、理解、觉知、意志去尽力而为。

耽溺与不确定感使你无法成为无懈可击的战士

当你面对你的耽溺倾向时，你会发现不向耽溺妥协，意味着必须放下心中的各种事物。无懈可击之道可以被视为一条独立的道路。一旦想永远保持无懈可击，你所有的耽溺倾向都会生起，而这也会揭露你所有的执著。因此，无懈可击也意味着放下内心的执著。无懈可击的战士之道是一条完整的道路，一条通往某种智慧的道路。在内在工作里，我们不把这条路视为单独的一条路，但是我们会采用它，会利用这种态度作为辅助。这种观点，这份洞识，确实有它观察事物的智慧。我们的内在工作需要它来增强效果。

如同早先所描述的，行为无懈可击就是在每一刻尽力而为。当你觉得自己无法尽力而为时，你仍然可以无懈可击地决定放自己一个假。这种态度可以运用在每一件事上。无懈可击地活，意味着无懈可击地完成所有的目标、所有的任务、所有的挑战。不论你是在学习对治超我，或是学习安住于当下，只要你还想让你的学习生效，这些功课都必须做到无懈可击。本体的其他面向也都需要这个面向的洞识。我们已经发现，耽溺倾向会随着不确定感而产生，而耽溺倾向或不确定感又会制止你去当一名无懈可击的战士。

无懈可击是一种实事求是的态度，你不必期待自己能做出一些无法做到的事，你只需尽力而为。无懈可击之道一定会引出各式各样的不确定感，但最终你一定会变得很笃定，因为你必须对治这些不确定感。假以时日，无懈可击的态度自然会变成笃定的态度。你会对自己十分的确定，你的笃定跟你的头脑没有一点关系。

因此，行事无懈可击意味着行为笃定。如果无法确定自己，行事不可能无懈可击。你会知道什么是最好的状态，也会以非常笃定的态度来做这件事，即使你知道自己做得不完美。你正在学习如何对治超我。也许你对这句话并不确知，不过你毕竟还是明白了一些事，既然你所知道的一切就是能力所及的范围，那么就以非常笃定的态度去做它，直到学会了别的事为止。假以时日，这份态度自然会演化成所谓的真知或彻底的笃定。

选择做一名无懈可击的战士，意味着做一个负责的成人而非母亲的婴儿。这其中含有一份尊严，你就是自己的主人。你的人生是自己要负起的责任，而你永远可以选择尽力而为。

在行动、感觉和思考时，你都要抱持着无懈可击的态度。你的意志、你的头脑、你的心都要展现出无懈可击的品质。人们对无懈可击的心态是最不能理解的——里面有柔软、温和、细腻的成分——因为那似乎暗示着锐利和直接的特质。不过你确实可以在爱上面变得无懈可击，这意味着你对那些吸引自己的事物及其模式已经有某种程度的了解了，你知道其中什么是负面的，什么是正面的。以此为例，无懈可击指的就是按照你对这些事物的认知而采取行动。譬如说，你会为了得到赞同、快感或安全感而放弃你的真心，而你很清楚这么做永远会制造出混乱。在这种情况之下，无懈可击的行动指的就是对治内心一贯的倾向，因为你的心并不自由，不是无懈可击的。

战士永远是警觉的，而且会尽力保持警觉。你不能一边当战士，一边耽溺在精神恍惚的状态里。战士面对的永远是生死交关的状态，对内在工作而言，情况也是如此。这不仅是一种看待它的方式，也是进行内在工作的过程里必须维持的态度。

考量自己的局限，在每一刻尽力而为

当然不是每个人都想做无懈可击的战士，不是每个人都相信这是必要的。如果你不认为从人格之中解脱是最重要的事，你当然不会选择做个无懈可击的人。你只会继续纵容自己，而且没有人会去惩罚你的。

你不是必须去整合生命，就是生命已经整合了。或许到了某个阶段你就不需要再做什么了，但这并不意味在自己心地上下工夫，学着做一个无懈可击的人，一旦学会之后就可以放纵了。如果你已经学会做个无懈可击的战士，而且已经很笃定了，这时就不再需要去整合你的生命，因为你毫不费力就能办到了。假如是这种情况，你就不是在放纵。如果已经达到笃定的状态，成为无懈可击的战士，那么放纵的情况就不可能出现了。假设放纵的心又回来了，你就需要再继续下工夫，因为你还不能完全负起责任和确知自己。

无懈可击的战士是不预期未来的，你每分每秒都有任务。你完全献身于自己的任务，所以不会去思考结果是什么；你根本没有时间，你正忙着做一名无懈可击的战士。结果会在你没有任何预设之下发生，如果去设想结果，就不是无懈可击的了。

身为一名战士，你必须尽全力执行自己的任务。你的任务就是做到无懈可击，而且永远要尽力而为。一段时间过后，你自然会变得无懈可击。这些话听起来好像有一条可以帮你达到某个目标的路，但其实是在描述过程，因为手段就是目的。一旦真的做到无懈可击，目的其实已经达到了。你并不是在寻求某种可以帮你达到目标的真理，不是这样的。你献身于真理，是因为真理只是真理。行事无懈可击也是同一回事。

学生：我认为我可能会把无懈可击的战士这个概念，变成一种意象，然后对自己说："一旦成为无懈可击的战士，我就解脱了。"我可以意识到这个观念的本身就是一种放纵，一种拖延的方式。

阿玛斯：无懈可击的态度并不是在预设未来会成为什么，它指的就是你目前正在做的事。譬如你正坐着，那么如何才能无懈可击地坐着？如何才能无懈可击地聆听？如何才能无懈可击地发问？答案是，只考量当下，完全投入于眼前的每一刻。无懈可击有一部分就是要衡量自己的局限，如果不去衡量，就是在纵容自己。你要尽可能地考虑自己的局限。无懈可击的态度不是一种超我的批判，而是根据现实的情况作评断。你能够做什么就做什么，每一刻都尽力而为就对了。

第十六章 好奇心

好奇心可以不受人格的干扰而使我们看见真相，它是源自于本体的一种动机。吊诡的是，我们首先要做到的事就是不去追求好奇心。重点是你要去探究什么是好奇心，你要对好奇心产生好奇。它是一个无法追求的东西，就像快乐是无法求得的一样。

伊曼·格沙里（Imam el-Ghazali）讲述了一则有关伊萨·伊雅·玛丽亚（Isa，ibn Maryam）的故事。

开悟的人

某天，伊萨看见一群人坐在路边的墙角上，神情十分的哀伤。

他问道："你们的苦恼是什么？"

他们回答说："我们会变成这样，是因为我们对地狱太恐惧了。"

他继续向前行，又看见一群人以各种不同的姿态站在路边，神情非常的绝望。他说："你们的苦恼是什么？"他们答道："因为渴望进天堂，才会变成这种情况。"

他继续往前行，又碰见了第三批人。他们看起来虽然饱经风霜，可是脸上却闪耀着喜悦的光辉。

伊萨问他们："是什么东西使你们如此喜悦？"

他们答曰："是真理使我们放下了那些不重要的目标，我们已经见到了实相。"

伊萨感叹地说："这些才是真正开悟的人。在最后的审判之日，只有这些人有机会去到上帝的面前。"

（出自伊德里斯·夏的《托钵僧的传奇故事》）

这个故事点出了内在工作的精髓，也说明了内在工作的方法和意义。它点明了阻碍人们进行内在工作的困难是什么，内在工作要成就的目标是什么。

内在工作的方法、途径、进程以及最后的结果都是同一个东西，这则故事为我们说明了这一点。你通常以为内在工作能帮你达到某种境界，那时你就会快乐了。这是一种误解。你误解了什么是快乐，也误解了快乐的原因。这种误解会导致错误的方向。只要你还抱持着这种误解，你就会看错目标。这个故事里的真理必须一再地咀嚼，直到它变成你的指导原则为止。大部分的人并不想听到这则真理，因为他们总希望事情是相反的情况。但如果你真的去咀嚼它，你就会认清相反的方向是行不通的。内在工作主要的原则和方法就是这则故事里的真理，它会替人生带来喜乐和富足。内在工作所有的阶段就是结尾，因此结尾一直都在眼前。

执著便是地狱

现在让我们回顾一下这则故事，看看里面的内容在谈些什么。伊萨·伊雅·玛丽亚的意思就是“耶稣，玛丽亚的儿子”，所以这则故事讲的是耶稣遇见了三批人，其中只有一批人是证悟的。

第一批人似乎过得很不好，他们不但受苦，而且不知道如何离苦。基于对地狱的恐惧，他们的日子很难过；对地狱的恐惧一直为他们带来不幸。大家都知道地狱就是一种痛苦和充满烦恼的状态。那些害怕地狱或是想逃脱地狱的人，就是不想受苦的人。反之，那些不想经验痛苦，不想经验内心的冲突、焦虑、煎熬和伤痛的人，便是害怕地狱的人。地狱只是一种象征，它象征了我们眼中的困境和痛苦。如果我们说：“不，我不想要这种情况，我要摆脱它！帮我挣脱出来！我受不了了！这实在是太痛苦了。”这种心态便是地狱。

这则故事告诉了我们一个非常重要的讯息，它为我们指出，这样的心态会让我们更深陷在地狱中。对地狱的抗拒乃是滞留在地狱里最有效的方式，不想受苦便是通往痛苦的捷径。

当然，大部分的人都不想听到这样的话。这就是为什么某一天你明白了这个道理，但接着却说："让我离开这里！凡是有痛苦的地方，我都不想看见！我不想经验它！"这是一种把事情推开的态度。你想抗拒它们，逃脱它们，于是更助长了痛苦。

第二批人的情况似乎刚好相反，他们只对天堂感兴趣，一心只想上天堂。他们一直在寻找快乐，所以做尽了所有的事，好让自己在天堂的门打开的那一天，能够进入其中，从此过着快乐无比的生活。这则故事告诉我们，第二批人和第一批人同样都是失败的。他们都企图逃避地狱，只想上天堂，结果似乎制造了更多的痛苦与烦恼。

如果你审视一下你的人生，你会在每一时每一刻都看见这些内在的活动——你一直在趋乐避苦。

这不是一则有关道德的训诫，我们只是在认清事物运作的真相。你也许并不喜欢自然规律或宇宙律法，但它们是定律，而你就是这些定律的产物。你可以试着去趋乐避苦，结果就像那则故事所说的——我认为有许多证据可以证实这个说法——这样的态度只会加重你的痛苦和烦恼。你对地狱的恐惧以及对天堂的渴望都会为你带来痛苦。

我们可以把这番探讨和执著作个对比。如果你不想经验你的痛苦，里面一定有执著的成分，如果只想经验快乐，里面也有执著的成分。你是否还记得我们曾谈过执著是什么？执著纯粹就是地狱。那是一种既纯粹又地道的苦恼，苦恼正是由执著所制造出来的。执著只有两种产生的形式：不是企图脱离痛苦，就是想得到快乐。不论你多么想逃脱这个进退两难之局，都无法办得到。如果产生了其中任何一种态度——其实是同一种态度——都会陷在两难之局中。你不可能以黏着的态度来摆脱黏着的情况。这些话不论说过多少次，这些故事不论提过多少回，你都不可能完全领会，除非你把这份理解当成是生活中每一刻的修炼，而且真的尽力而为。我们都知道这便是真理，但是停留在这种态度之中，是不可能有任何效果的，这是你们都很清楚的事。

一心想得到快乐，便是从痛苦的角度在运作了

观察一下眼前这一刻的经验，你会发现你不是处在一种不想经验痛苦的状态，就是处在一种想要紧抓不放的美好状态，而这种态度势必会带来痛苦和烦恼。人格的核心，制造出人格的元素，就是会带来苦恼的一种执著状态。这种既执著又苦恼的状态，便是趋乐避苦所造成的结果。耽溺在这种态度之中，只会强化你的人格，而且一定会助长痛苦，使你的人格变得更强硬。

人格除了这两种反应之外别的都不知道。“如果我不试着去得到某些好处，不去摆脱坏的处境，我还能做什么？”人格确实不知道该做什么，因为它就是奠基在这份态度之上的。人格的发展就是奠基于人格的态度之上的，弗洛伊德称之为“快感原则”。人格是奠基在快感原则之上的，它总想逃避痛苦，追求快乐。

你意识里的每一层都含藏着这种态度，这是很微细的一种东西。你不能说：“从现在开始我不再逃避痛苦，也不再追求快乐了。”如果你仔细观察一下这个策略，你会发现你仍然在追求快乐或是某一种的解放感。有的人会利用这个策略去逃避痛苦，因此其中含有一种欲望或心理活动，是缺乏全然的顺受和接纳的。我们有很好的机会可以经验各种事物，但我们却说：“这是坏的，那是好的。我只想要好的，不想要坏的。”然而生命带给我们的却是一个完整的东西。

几乎每一个人都处在这种好恶的进退两难之局中。不论你是八十岁的老人或是十岁的小孩，已婚或未婚，不论你是在上大号、吃饭、做爱或是与人争执，正在走路、坐着、思考或睡着了，你都受到这个真相的操纵，并且导致了你的痛苦。不论你正在追求成就和财富，正

在试图理解自己，或者正面临人生的困境，这个法则都在操控你。它无所不在，它控制了你的人格、你的意识以及你的人生。

即使你不想在自己的心地上下工夫，你也会看见这就是你的真相。大家都坐在同一条船里。你永远在追求快乐，结果却是受苦。你永远都企图脱离痛苦，但得到的却是更多的痛苦。头脑是无法理解这一点的，如果不想得到快乐，你怎么会快乐呢？问题就出在这一点上——你一直想得到快乐。如果只想得到快乐，你已经是从痛苦的角度在运作了。

这是大部分人都不喜欢见到的真相。如果追求快乐就能得到快乐，想摆脱痛苦，痛苦就会消失，那事情不就容易了吗？然而不论你喜不喜欢，都必须面对事实。你能怎么办，反抗吗？反抗只会使你更痛苦。

你或许决定要改变这个法则，然而它是不可能改变的。你可能会年复一年地否决它，直到痛苦迎头赶上你为止，然后你就会说："这其中一定有什么不对劲的东西。我一直在做的事似乎都无效，让我来弄清楚人生的意义、存在的奥秘和快乐的秘诀到底是什么。"这是非常吊诡的一件事。你可能会决定做一些灵修的工作，但为什么你会想做这件事？如果你抱持的是原先的态度，只会更痛苦，你会说："我想做灵修的工作，我想了解钻石途径和禅定，因为我要证悟本体。我要解脱。"为什么？为什么想解脱？动机是什么？

你只想得到快乐，不是吗？你听见有人谈到"本体"，而你以为本体会带给你快乐，为你打开天堂的门："我现在要追求我的本体，它会是我人生中最美妙的一件事——它是我最完美的母亲，它会从此照顾我，我的人生将变得美妙极了。"

没错，本体确实会令你觉得美妙无比，但并不是你想寻找的那一种。因为这种态度本身就是对本体的一种误解。当你经验到本体时，你会发现本体并不想要这个或那个，它不会忙着推开痛苦或追求快乐。

本体只是存在着，经验着这一切——既不迎，也不拒。

继续逃避痛苦、追寻快乐，就是还未接受真相

到目前为止我们已经探讨了前两批人的故事，它涵盖了大部分人的状况。现在让我们去试着理解第三批人的状态，这批人已经解脱了内心的冲突，他们已经转化了所有的欲望和执著，领会了生命的奥秘。最重要的事就是去了解这个奥秘是什么，他们为什么会展露出灿烂的笑容。让我重新念一遍前面那段故事。

> 伊萨问他们："是什么东西使你们如此喜悦？"
>
> 他们答道："是真理使我们放下了那些不重要的目标，我们已经见到了实相。"

这段故事里完全没谈到想不想要痛苦或想不想要快乐的问题。对这些人而言，这都是不相干的事，为什么要去考量什么感觉比较好，什么感觉比较差？这样的态度很奇怪，对不对？这些人是怎么办到的？这段故事告诉了我们这些人的状态，但是要了解其中的深意并不容易。

有的人也许会认为这些人渴望的是真理，然而故事里并没有说他们渴望真理。它根本没说出他们想要什么东西。里面也没提到他们有任何想追求的活动，甚至连追求真理的活动都没有。有的人也许会说："我们做内在工作就是因为我们渴望真理，真理会使我们解脱。"别的故事或许说过这句话，但上述的故事并没有，它并没有说真理会使你解脱。它完全没提到人们渴望真理或想追求真理这回事。

它是以某种特殊的方式在阐明真理的。真理便是正确的理解，真理就包含在辨识的智慧里。我们都在学习如何认清真理，这里的每一

个人都在做这件事，可是你为什么要认清真理？你有没有问过自己这个问题？你想从它身上得到什么？如果你问自己这个问题，你会发现追寻真理的目的不是在逃避痛苦，就是在追求快乐。“我将会经验到我美妙的本体，那时我就解脱了！”这种态度就跟与情人做爱没什么两样。两者的手段也许不同，但过程是相同的。这则故事告诉我们，这样的态度最后还是会带来更多的黏着，更多的痛苦。

第三批人不但能引领我们到达某种境界，同时还阐明了内在工作的意义和重点。它为我们指出了一种态度和体认。当一个人真的不再考量快乐和痛苦时，他就已经处在那种境界了。内在工作并不是为了得到解脱或使你快乐，它不是这样运作的。我们已经看见这样的方式只会导致痛苦。

在我们尚未检视第三批人的真相时，你首先必须意识到你有多么执著于前面两种态度。你的人生、想法及人格，都受到了它们的操控，你和这些态度是无法分开的。你不知道自己有多么害怕痛苦与渴望快乐；当现实不顺你的意时，你是多么的愤怒；当世界没有照着你的意志行使时，你有多么受伤。你完全不想听见真相。执著是非常强有力的，它们掌控了你整个人生。你必须深入而完整地理解这个道理，直到你对第三批人所说的真理完全领会为止。这是一则十分简单却又很微妙的真理，它在任何时刻都可以被意识到，它是每一个人都能了解的道理。

这则故事比追寻真理的故事还要精确一些，它谈的是“真理的精神”。什么是真理的精神？为什么真理的精神会带给你喜悦？因为真理的精神能转化前两批人的经验。

第三批人接受了真理，但真理可能是痛苦的，也可能是快乐的。其实真理就是真理，它跟情绪上的好恶无关，也跟快乐或痛苦无关；这些都是我们人格的论断罢了。真正存在的只有真相，我们的意识所能领受到的只有真相。这会帮助我们理解为什么前两批人的态度会导致痛苦，因为企图逃避痛苦以及不断地追寻快乐，就意味着你不接受真相。你拒绝接受眼前的事实，拒绝接受自己的经验或意识，拒绝接受自己。这如何能带来祥和及快乐呢？有时你的经验确实很痛苦，可是又能拿它怎么办呢，这就是你的经验啊！如果你不想要它，就必须把它甩掉，但是那不就等于甩掉了你的一部分吗？如果你的一部分已经被甩掉了，你还快乐得起来吗？这个观点能帮助我们理解前两种态度为什么无法生效。

真理的精神并不在追求真理

假设你说："我要追求真相，真相能使我解脱。但追求真相不是一种趋乐避苦的活动，所以我不是在依照趋乐避苦的原则行事。"这句话听起来很有道理，可是你为什么要追求真相？为什么这么多年来你对真相从不感兴趣，现在却突然有了兴致？因为我们谈到真相，于是你突然对它产生了兴趣，为什么？你想从它那里得到什么？长时间进行内在工作的人，还是可能有这种态度："我要追寻真相，我要穿越痛苦，不论快乐与否，我都要持续下去。"但是你越追求真相，痛苦就越多。很显然地，你有一件事做错了，因为你并没有得到像第三批人那样的喜悦。

如果你仔细地审视一下，你会发现你在追寻真理的过程中，大部分的时候都像那些人一样在趋乐避苦。可是你现在驾驶的已经是截然不同的一辆车，一辆由黄金打造的车，而你却认为它会带你到达相同的目标。你质问自己："为什么我还在痛苦中？"原因是你并没有什么改变，只是换了一辆车。你可能发现了各种真相——有关你父母、你自己、你的情绪、人格或本体的真相。你偶尔会觉得快乐一些，但有时仍感到哀伤，事情的变化非常令人兴奋，非常戏剧化。你经验到了坑洞中的匮乏感以及源源不绝的本体能量。但整个画面并没有太大的改变，只是感受越来越强烈罢了。痛苦增强了，快乐也增强了。这时你可能很细腻地体会到："啊！这就是我一直都在做的事！我一直都在为了快乐的理由而追寻真理，这就是画面没有改变的原因。没错，我确实一直在追求真理，不过我是为了得到快乐而这么做的，这并不是真理真正的精神。"

你也许会到一个山顶和某个上师谈话，说你终于找到自己受苦的缘由了——追寻痛苦会造成痛苦，为了快乐而追寻真理也同样会造成痛苦。上师非常智慧地回答说："你已经看见真相了。"这时如果你问他："真理真正的精神是什么？"上师的回答将是："为了真理而追寻真理。""啊！我明白了，谢谢你。从此以后我一定会为了真理而追寻真理。"于是你开始阅读所有的书籍，也开始静坐冥想："我不再关心快乐或痛苦的问题，我只想看见真理！从此以后，我要做一名真理的追寻者和真理的拥护者。"

上师已经把真相告诉了你——为了真理而追寻真理。可是你为什么要追寻真理？你的人格里没有任何想要这么做的成分。后来你又回去问上师："为什么你的话不生效？我一直是为了真理的本身而追寻真理的，然而我越是这么做，脑子越沉重，甚至连头都抬不起来了，因为里面塞满了真理。我变得越来越哀伤和痛苦。"上师回答说："唉，我也不知道什么地方出了错。你确实是为了真理而追寻真理啊。"

这段过渡期是非常重要而微妙的。上师的教导并没有错，但是不够精确。在这段故事里面，真正的解答就在于真理的精神是什么。它的意思是，真理的精神并不是去追寻真理。如果我们扪心自问为什么会相信上师的话，或许就能理解得更深一点。是什么东西促使我们去做这件事的？我们为什么突然会成为真理的追寻者？有人告诉你要追寻真理，于是你立刻照着他的话去做了，为什么？你为什么要问上师如何才能开悟，你的动机是什么？你会发现你的动机跟第一批人是一样的。

有了爱与好奇，喜悦便随之而来

我会再详细探讨一下真理的精神是什么。首先，真理比较属于心的次元而非头脑的次元。真理不是一种头脑的活动。当你看见本体的真相时，你会发现它的特质是一种情感。当你发现某种真相时，那份感觉是在心中产生的，它不是头脑的认知。头脑有探查的能力，但并不能带给你一种真实感。“追寻”真理就是一种头脑的活动。

真相一直在你眼前，你却到别处去寻找它。或许你可以通过追寻而发现真相——真理的某个根本面向——但这并不能带给你真正的解脱。企图达到第三种情况是有点吊诡的事，因为你只要还想解脱，就会落入前两种态度。这则故事里的第三种态度并不企图达到任何结果，因为达到任何结果都还是前两批人的策略。前两批人的解决办法是一种目的取向的活动，里面有一股想要达到某种目标的欲望，而制造出痛苦的就是这种欲望的活动。如果企图达到某个目标，就不会接受呈现在眼前的事实。追寻真理也是同样的一种活动，但真理的精神是跟喜悦有关的，这便是那则故事所透露出的讯息。“他们虽然看起来饱经风霜，可是脸上闪耀着喜悦的光辉。”我们要理解的就是真理的精神为什么跟喜悦有关。

这则故事的主人翁是耶稣，让我们来回顾一下和耶稣有关的事，或许可以帮助我们了解真理的精神是什么。耶稣曾经说过有关天国的事，你们还记得吗？他说你必须像个孩子才能进入天国。也许我们可以从孩子的身上学到真理的精神。小孩和真理之间有一种关系，里面带着一种喜悦的成分。

我们必须像孩子一样，这句话是什么意思？孩子总是跑跑跳跳地充满着好奇和游戏的精神。当你看见一个充满着好奇的小孩时，你在他身上看见了什么？他们到底在做什么？他们其实是在学习和观察。那就像是一个人在追寻真理一样，不是吗？孩子以非常活泼而专注的方式去做这件事，他们的喜悦是发自内心的，他们面对的就是真相，因为真相一直在展露给他们看。我们现在逐渐贴近我们和真理之间的正确关系了。你已经看见，儿童的活动跟我们追寻真理的活动是相似的，不过有一点不大相同，他们的活动之中会生出喜悦，为什么？因为他们对趋乐避苦的原则不感兴趣，他们不属于前两批人。他们是活在当下的，他们总是活在眼前的这一刻。他们的心中有情感、有喜悦、有自发性和轻松感。现在我们已经看到解答了。解决的办法就是开放我们的心，不执著。当孩子在玩游戏时，他们对游戏本身并不执著，他们玩完了之后就将它抛诸脑后了。为了真理而追寻真理跟好奇心有什么差别？追求真理是有目的的，好奇心却没有任何目的。好奇心不会促使你去寻找任何东西，你只是专心地观察眼前这一刻所发生的事，结果是什么并不重要。我们现在是在搜集各种的材料来发展出更贴切的理解。

当孩子们扩大他们对这个世界的理解时，他们会经历什么样的过程？也许他们会想把一具机器拆解开来，年纪很小的小孩甚至会把自己的粪便弄得到处都是，这又是为什么呢？这是基于一份好奇心，但更正确的事实是什么？他们为什么要做这件事？

学生：他们是在学习。

阿玛斯：没错，他们是在学习。他们对学习的兴趣是那么的高，甚至连自觉的成分都没有。

学生：一个两岁的小孩，你当然无法问他为什么要做这件事。他只是为了做而做，里面没有任何动机。

阿玛斯：是的，里面确实没有动机。孩子一直都在探查真相是什么，也许他们探查的是有关性的真相：“你下面的那个东西是什么？它跟我的长得不一样。”他们充满着好奇，这份好奇心是从内心发出的，而且是专注于当下的，里面充满着喜悦，又没有任何目的。那是一种天真开放与渴望去探索的意愿，他们完全融入于事物揭露的过程，而且总是带着一份惊喜的感觉。

学生：但是他们脸上很少有笑容。他们似乎并不享受这个过程。

阿玛斯：喜悦不一定会制造出微笑，但是它能超越苦与乐。重点就在于融入。我们曾经说过真理存乎于心轮中枢。但发自内心的行动又是什么？

学生：给予。

阿玛斯：给予。还有什么？

学生：爱。

阿玛斯：他们确实有爱。好了，我们只需要记得这些就够了。爱与心是息息相关的，喜悦也跟心有关。现在我们越来越了解好奇之中到底有什么了。但是爱与好奇为什么有关？

学生：孩子们跟自己以及跟宇宙有一份和谐的关系。

阿玛斯：一点也不错。可是他们不会有这种想法，他们只是乐在其中。让我们来思考一下其中的本质是什么。

学生：里面有一种合一感，他们和对象或真相是没有分别的。

阿玛斯：确实如此。不过我们还是没回答有关爱的问题。爱与好奇有什么关系？我们刚才说过，孩子是融入于活动中的，他们喜欢探究事物，喜欢学习。他们拿到一个东西就会完全融入于其中，并且会开放地研究它。当他们在探究真相时，他们对眼前的活动有什么感觉？答案是，他们热爱这个活动。他们热爱过程的本身。他们对真相的兴趣是没有任何目的的，而这份对真相的爱，对过程的好奇，自然会以喜悦的方式呈现出来。真相、爱和喜悦是同一个东西，其中没有分别，他们全都存在于好奇之中。他们在拆解或组合汽车及洋娃娃的过程里，或是在观察彼此的生殖器的过程里，都是充满着热情的。他们喜欢的并不是洋娃娃、汽车或生殖器，他们只是对活动的过程感到兴致勃勃。他们心里没什么目的，只是对眼前发生的事感兴趣罢了。

你们在这个团体里所做的事，就是一种能够使你融入的活动。这里的每一件事都值得我们好奇。如果我们像小孩一样不断地怀着好奇心，活动里自然会有喜悦。孩子不会去追寻快乐，也不逃避痛苦。他们的好奇是一直延续下去的，而这份好奇就是对真相的爱和喜悦，也是一种因发现真相而产生的爱和喜悦。你根本无法区分好奇、对真相的爱以及因发现真相而产生的喜悦。我们曾经说过，追寻真理是一种头脑的活动，好奇则是一种情感的活动，也许可以说是一种情感中的脑力活动或智力活动。

现在你已经明白，好奇，也就是所谓的真理的精神，是没有目的的。换句话说，好奇的里面没有欲望的成分，那是一种彻底的、百分之百专注于当下的状态。它本身就是一种解脱和喜悦。当你的心充满着好奇时，里面自然有喜悦。

学生：你是否认为孩子们是就他们的层次在进行内在工作？

阿玛斯：可以这么说。不过他们并不是在工作，他们是在活，真正地活。

学生：这不就是内在工作的本质吗？

阿玛斯：没错，这是内在工作应有的本质。

学生：这是不是意味着我们在进行内在工作时，应该怀着好奇和探索之心？

阿玛斯：是的，这就是我的意思。内在工作最重要的一个面向就是好奇心，它便是内在工作的目标、方法和途径。你不能在开悟之后才变得好奇，好奇心是我们在任何一个时刻应该具备的态度，而喜悦就是因好奇而开拓出来的东西，喜悦的本身便是好奇心。如果你热爱真相，或者真相热爱你所设计的活动，那么真相就会发光。真相发光时自然会出现喜悦。你存在于真相中，你探索真相、热爱真相，而你的喜悦也是从真相之中产生出来的。

当我们好奇时，我们便是完整而快乐的

好奇最精确的定义就是“真相之中的喜悦”，或是“属于真相的一份喜悦”。那是一种发自内心的愉悦感。这种态度跟故事里前两批人的态度是截然不同的。好奇能转化痛苦，但并不拒绝痛苦。这就是为什么故事里会说他们看上去饱经风霜，但是“脸上闪耀着喜悦的光辉”。痛苦不需要被排除，你可以怀着喜悦来探索它。你对苦与乐的好奇都是平等的。

好奇心不可能在未来发生。你可能对过去和未来感到好奇，但好奇是一种对当下经验的激赏。因此，好奇和真理的精神并不在追寻真理，它不是一种目的取向的活动。当小孩在拆解一个洋娃娃时，他不是在追求一个跟时间有关的结果。其中的每一刻都充满着喜悦。这个活动的本身充满着激赏、兴奋、刺激和活泼的生命力，那就像是你把心智、情感和知觉全都贯注到一点上。

我认为这应该是我们人生最重要的准则。因为当我们好奇的时候，我们才是完整而快乐的。这才是造物主创造出我们的目的，我们不该把事情弄得越来越痛苦，越来越挫败。我们所做的事应该能解放我们的心和头脑，而不是去追求解脱。过程的本身即是解脱。你每一刻都是解脱的，如果你有强烈的好奇心的话。不论眼前发生了什么事，你都对它充满着爱，你彻底爱上了自己，爱上了你的存在。你完全爱上了眼前所发生的事，你想知道它的每一个细节。

学生：我对孩子的看法是：如果你允许他们充分发挥好奇心，他们时常是残酷的、破坏性很高的，甚至会自我伤害。

阿玛斯：这不是我们要考量的事。孩子的心中有各种力量在运作，

譬如虐待倾向、攻击性以及各种的东西。今天我们要探讨的主题是好奇心，如果孩子只有好奇心而没有别的东西，他的人格不可能有所发展。这些东西我们将来会讨论到，不过眼前所探讨的好奇心可能会带出我们心中的某些恐惧，尤其是我们发现孩子有时会出现其他的行为，甚至会让我们联想到“脱缰野马般的好奇心”。这都没什么关系，我们还是可以探索这些恐惧，对它们抱持着好奇。

我今天之所以会提出这一点，是因为好奇心对许多同学来说是很重要的事。如果你对内在工作抱持着趋乐避苦的态度，你一定会继续受苦，而无法了解内在工作的精神或真理的精神。但如果你有好奇心，那么有时感到痛苦也无妨。喜悦并不是痛苦消失之后才出现的。喜悦就是一种好奇心，也是探索之心。这样你就会把所有的存在现象视为一个美妙的、复杂的、细腻的完整场域。它包含了所有事物在内，即使是丑陋的事物你也把它看成是美妙的，因为你看见的是真相。真相会使事物变得很美。

好奇心可以不受人格的干扰而使我们看见真相。好奇心是源自于本体的一种动机。吊诡的是，我们首先要做的事就是不去追求好奇心。重点是要去探究什么是好奇心，要对好奇心产生好奇。它是无法追求的一种东西，就像快乐是无法求得的一样。如果追求快乐，你会把它谋杀掉，如果追求好奇心，你也会杀死它，因此你只能观察自己在好奇的那一刻是什么情况。你要对它感到好奇，看看喜悦是怎么生起的。喜悦便是好奇心闪耀出的光芒，它是真理在运作时的光辉。好奇不是一种追寻，它是一种活生生的状态。

第十七章 采蜜

感觉、观察和聆听，会使你更专注于当下，品尝到蜂蜜的滋味。然后你就可以带着这份本体的滋味，以及安住于当下的能力，回返到真实的生活里。随着时间的进展，你会越来越有能力把它带入生活中，这样你的生活就会越来越贴近本体。

阿富汗有一个存在了数千年的秘密教派——Sarmoun Darq，它的意思是“蜂室或蜂蜜的采集者”。这个蜂室的作用就是在智慧逐渐消失的时刻，把人类的知识搜集起来，以备未来使用。这个活动大部分是在地球遭逢劫难时才进行的，譬如战争或大难爆发时。这个活动是如此殊胜，大部分人根本无法想象它的重要性以及它的意义。

当我们说蜂室储存了人类的知识时，我们指的并不是资讯。资讯可以被收录在书籍里，所以没有必要去创立一个学派或秘密社团。我们所说的这种知识就像蜂蜜的材料一样。搜集这种知识的方法，跟蜜蜂采集花蜜然后将其变成蜂蜜是一样的，这就是为什么这个学派会被称为“蜂室”的原因。它的作用就是采集各式各样的花蜜——本体知识的各个面向。这个学派的成员能够把这些香甜美味的花蜜浓缩成精纯的蜂蜜，然后把它们储存在特殊的细颈瓶里。时间到了，自然会有人把细颈瓶打开，然后把里面的知识传授给需要的人。

本体自身便是生命的智慧

花蜜即是本体不同面向的知识，而蜂蜜则是本体浓缩出来的纯粹知识。蜜蜂、蜂蜜、蜂室以及花蜜可能是对这个学派最贴切的描述。因为本体的知识就是一种可以被采集、浓缩和蒸馏的材料，所以这是最贴近事实的描述方式。我们如果能体认到本体如同蜂蜜和花蜜一样是真实存在的，那么这个事实就会变得更明显。本体的真实知识即是本体自身，本体自身便是生命的智慧。

这个学派在地球遭逢劫难的时刻，会搜集有关人类本体的知识，并将其储存在特别的细颈瓶里，这些特别的细颈瓶就是细心培育出来的人才。通过这样的方式，这种知识才会流传下来，在需要它的时刻传递给其他的容器。然后这些由人做成的容器，就会到不同的地方去传播一些特殊的教材，这些教材往往是密度极高又可以被吸收的东西。

如果你检视任何一个内在工作体系、团体或学派，而且是从最深、最直接、最明显、最现象学的角度来观察，你会发现他们的工作就是在采集、蒸馏和净化人类的本体，使它变成每一个人心中最浓缩的东西。这是因某个团体或学派在当时所具备的技术而得以完成的任务。他们运用他们所具备的方法来进行这样的活动。就像蜜蜂把花蜜变成蜂蜜一样，这些团体的成员也会采集花蜜，将它们变成人类的本体。他们做这件事既是为自己也是为每一个人。主导这个学派的人会开出处方，团体的成员则会依据自己的能力进行内在工作。通常大部分的成员都不知道自己到底在做什么，只看见眼前在进行的活动，不知道这个活动能成就什么。时间久了他们才会越来越了解。这一点我们已经从这里的内在工作看见了一些真相。

一开始学员们可能发现他们是在检视自己的情绪。他们感觉、观察及聆听。他们观察自己的反应，了解自己的惯性模式，一段时间之后，他们就会认清这些情绪和失去本体的各个面向之间的关系。越是能意识到那份失落感，本体越是能呈现在那个人面前。

本体的滋味

我们这个团体里的成员大部分时候都是各自进行自己的工作。不论是私下咨询或是团体互动，每一个人都得担负起自己的那份采集花蜜的工作，不管他的花蜜品质是否良好，浓度够不够。然后大家必须聚集在一起进行某种活动。从最深的层次来看，这个活动就是把所有的花蜜集中在一个地方，经过一段过程之后，花蜜会变得非常纯粹，非常浓稠。这便是周末内在工作的产物，更精确一点地说，这就是星期天下午的工作成品。星期天不只是一周的结尾，在这个时段里所进行的活动，其实是上一次聚会累积下来的工作总结。一周下来大家已经发展出一些深刻的体会，每个人都完成了自己的任务，于是我们聚在一起做一些事，把我们所采集的蜂蜜凝成胶状。这时本体会变得更显而易见、更明确。每一个周末都会带出不同的品质来，而本体的每一个面向也会变得越来越清晰、越来越显而易见，越来越纯粹和浓缩。通过这样的形式，每个人都能品尝到它的滋味。

这是内在工作最深的一个层次。星期天下午的活动，就是要练习专注于当下，尽我们所能地活在当下，不论我们做的是园艺、绘画或其他的事。你尽量地去感觉、观察和聆听，不管当时的活动或任务是什么。这类活动不但能帮助你体会我刚才所描述的情况，还能帮助你安住在一个鼓励你专注的氛围和环境里。许多人共同做一件事可以增强能量，但这股能量不会使人上瘾。本体是具有感染性的，因为每一个人都在感觉、观察和聆听，而且很专注地在做他们的工作，所以会创造出比往常更浓稠的蜂蜜。因此，感觉、观察和聆听会使每个人更专注于当下，品尝到蜂蜜的滋味。然后你们就可以带着这份本体的滋味，以及安住于当下的能力，回返到你们的真实生活里。随着时间的进展，你会越来越有能力把它带入你的生活中，这样你的生活就会越来越贴近本体。

这些方法都是很科学的，如果照着去做，会有十分明显的效果。如果不照着去做，结果就不一样了。许多蜜蜂一起做蜂蜜，比一只蜜蜂做蜂蜜要容易多了。蜜蜂很难靠自己单独做出蜂蜜来，它很快会死亡。我从未见过任何一只蜜蜂能独自做出蜂蜜来。Sarmoun Darq 这个古老学派的例子，充分阐明了我们在这里所进行的事。